莊子 內篇

莊周——原著

張耿光——譯注

台灣書房 印行

前言

《莊子》是我國古代典籍中的瑰寶，無論是在思想史、文學史上，都具有極重要的地位，它對後世的影響，無論是積極方面，還是消極方面，也都十分深遠廣泛。本書通過現代漢語的翻譯，幫助讀者特別是廣大青年讀者閱讀這部先秦典籍。

一

《莊子》的主要作者是莊子。莊子名周，字子休，戰國早期宋國蒙城（今河南省商丘縣東北）人。莊子的生平事迹歷史資料不多，生卒年月更難確切考訂。最早記載莊子事迹的是司馬遷的《史記》。《史記》上説莊子「與梁惠王、齊宣王同時」，據此馬敘倫先生考訂其生卒年代是周烈王七年至周赧王二十九年，即西元前三六九年至前二八六年，大體跟孟子同時或偏早。

莊周曾做過蒙城的小官（漆園吏），但不久辭去，不願與統治者合作。《史記》上還說：「楚威王聞莊周賢，使使厚幣迎之，許以爲相」，可是莊周並未接受，「寧游戲污瀆之中自快，無爲有國者所羈，終身不仕」。莊周一生過著十分貧苦的生活，就是《莊子》一書中也多次寫到他鄙薄高官厚祿的故事。他居處陋巷，向人借糧，自織草鞋，穿粗布衣和破鞋，甘願閒居獨處，與《史記》中簡單的記載是吻合的。

莊周生活在一個劇烈動盪的時代。戰國初年，周王朝已名存實亡，諸侯兵戎相見，戰亂頻仍，群雄割據，齊、楚、燕、趙、韓、魏、秦七大諸侯國爭霸天下，社會動盪不安，各種社會問題極爲尖銳而又複雜。在這樣的社會背景下，繼儒、墨兩家之爭以後，學術思想空前活躍，學術流派競相而起，借助社會的動盪闡述各自的政治主張和對社會現實的看法，形成了百家爭鳴之勢。莊周目光敏銳、博學縱覽，深通各家學說，而且身居卑微，不慕富貴，嘲諷權勢，在《老子》的基礎上，逐步形成了他獨特的哲學體系和思想風格。

《莊子》一書是道家學派的代表作，成書於戰國中晚期，《史記》中已能見到現存於《莊子》中的部分篇名，但並未記載《莊子》有多少篇。《漢書・藝文志》上說《莊子》有五十二篇，而我們今天所能見到的《莊子》只有三十三篇。這是根據晉代郭象的注本流傳至今的。三十三篇劃分爲三個部分，即內篇（七篇）、外篇（十五篇）和雜篇（十一篇）。至於三十三篇的眞僞問題，宋代以前從未有過異議，認爲都是莊周所作。自宋代蘇軾以後人們對《莊子》篇目的眞僞卻有不少爭議，認爲少數篇目不是莊周所作，也不像莊派後學之作，理由不外乎部分篇目的思想內容與莊周一貫的主張不盡吻合，或者筆意浮淺，風格與莊周汪洋恣縱的特點不一致。縱觀全書，的確有個別篇目無論就內容上還是風格上都與全書格調不能合拍，但仍不能足以證明就是僞託之作。正如先秦許多典籍往往不是出自一人之手一樣，莊派的後學者在成書過程中確曾起過整理或增刪的作用，更何況像莊周這樣一個「心如泉湧，意如飄風」的大家，其思想會是那麼純一，先秦各家思想互相滲透和影響的情況是隨處可以找到材料說明的。因此篇目眞僞的討論對於理解《莊子》的內容並沒有多大意義。

西漢獨尊儒術而罷黜百家，封建統治階級感興趣的只是利用儒家思想有利於維護封建秩序的一面，《莊子》理所當然地不被看重。經過東漢末年的社會大動盪和三國時代的紛爭，士大夫目睹征戰之苦和社會的黑暗與殘暴，用託古喻今的辦法寄託他們的反抗，表白自身的高潔以及對當世的否定，於是玄學盛行，《莊子》這才受到世人的重視。晉人司馬彪、崔譔、向秀、郭象等紛紛爲《莊子》作注，這對於保存和流傳《莊子》有至關重要的作用。隋唐時代注疏《莊子》的本子已經有二十多種，以陸德明《經典釋文》中的《莊子音義》和成玄英的《莊子注疏》最有價值。宋代以後研究《莊子》的人多側重於它的哲理方面，林希逸的《莊子口義》、褚伯秀的《南華眞經義海纂微》就很有成就。清代王夫之的《莊子通》在研究《莊子》的哲學思想方面也很有見地，至於清代的考據校勘工作更爲《莊子》的整理作出了卓有成效的工作。爲《莊子》的注解進行彙編工作的是清末郭慶藩的《莊子集釋》和王先謙的《莊子集解》，而郭氏的成就更高，它在輯錄郭象的注、成玄英的疏和陸德明的音義基礎上，又大量採錄了王念孫、俞樾等大學問家的訓詁考據成果，因此流傳頗廣，很有價值。

《莊子》一書風格獨特，它把深奥玄妙的哲理與生動具體的形象熔於一爐，使抽象的邏輯思維與具體的形象思維結合起來，它想像豐富，構築奇特，筆調婉曲，意氣縱放，思想內涵發掘之深，語言文辭設置之妙，堪稱當世之絕。

二

《莊子》的哲學體系是博大精深的，其中心就是「道」，這也是道家學派的由來。「道」是一個極爲複雜的概念，它集中反映了在生產力低下、科學水準還不高的情況下道家學派對宇宙本體和物質變化的認識。「道」有多層含義，可以指宇宙的本源，可以指萬物發展變化所依循的規律，又可以指宇宙萬物的同一性，同時「道」還可以視爲哲學領域裡的一種境界。

宇宙萬物是怎麼形成的呢？〈知北遊〉中有一句重要的話：「通天下一氣耳」；〈則陽〉又說：「陰陽者，氣之大者也。」《莊子》全書多次討論到生命的起源。《莊子》認爲一切有生命的東西都起源於「氣」，所謂「人之生，氣之聚也」。〈田子方〉還說：「至陰肅肅，至陽赫赫；肅肅出乎天，赫赫發乎地，兩者交通成和，而物生焉。」「氣」乃是構成物質形體的原始材料，戰國時代許多哲學著作都有這樣的認識；而最大的「氣」又是「陰」與「陽」，陰陽交媾就會形成物體。可知「氣」與「陰」、「陽」是客觀存在的，是具有物質性的東西。

但當時《莊子》所能認識的物還是有形、有色、能夠感知的物，這就使它在探討宇宙本源時受到很大局限。〈達生〉說：「凡有貌象聲色者，皆物也」，這裡給「物」所下的定義就只能認爲是能夠感知的物。「氣」合而成物，「氣」又是怎麼來的呢？天地又是怎麼形成的呢？〈知北遊〉說：「有先天地生者物邪？物物者非物。」這就是說產生有形之物的一定不會是能夠感知的物，就像產生天地的一定不會是天地那樣的東西，於是只得求助於「無」，萬物的客觀存在又是從「無」開始了；當然這個「無」就不宜視爲「沒有」，而是針對「貌象聲色」的「有」而說的。〈庚桑楚〉說：「萬物出乎无有，有不能以有爲有，必出於无有」，這樣自然就歸結爲「道」。〈大宗師〉也說：「夫道，有情有信，无爲无形，可傳而不可受，可得而不可見，自本自根，未有天地，自古以固存。神鬼神帝，生天生地；在太極之先而不爲高，在六極之下而不爲深，先天地生而不爲久，長於上古而不爲老。」「道」就被視爲宇宙的本源，能產生天地駕馭鬼神，但又沒有形象不可感知。可知《莊子》中的「道」具有兩重性，既不是人格化了的神，也不是超越了客觀世界的主觀意念，而是一種客觀存在。從這一角度說，「道」也就是「氣」的推進，「氣」的抽象化；但「道」又具有一定的神祕色彩，無形無象，不可捉摸，更不可描繪與言傳。

「道」又是「一」的同義語，常用來稱述事物的總體性、同一性。《莊子》認爲既然事物都源於氣，各種事物儘管千差萬別，歸根結柢其本質卻是同一的，沒有差異的，所謂事物間的對立與差異，全是人爲劃分的結果。《莊子》中所描繪的「太初」景象裡，宇宙萬物是「芴漠」、「渾沌」而融於一體的，至於各種事物的生滅與變化，那也是整個物質世界內部發展過程中的一小部分，某一事物的消亡就意味著另一事物的產生，這一事物的形成也同樣意味著其他事物的分解與毀壞。千變萬化的世界便總是一大整體，從同源引伸爲同質，這是「道」的第二層含義。〈逍遙遊〉中的「萬物以爲一」，〈齊物論〉中的「天地一指也，萬物一馬也」，〈大宗師〉中的「天地之一氣」，〈知北遊〉中的「通天下一氣」，〈天地〉中的「萬物一府」，〈秋水〉中的「萬物一齊」，都是用來討論事物的總體性、同一性的，歸結起來就是「萬物皆一也」（〈德充符〉）和「道通爲一」（〈齊物論〉）。

《莊子》中的「道」又是規律和自然的同義語。全書十分注重事物的運動與變化，認爲各種事物總是處在不停地變化發展中，〈秋水〉中就說：「无動而不變，无時而不移。」那麼誰在主宰事物的運動與變化呢？那就是事物自身，也就是說一切運動變化都是自然地出現、自然地形成、自然地發展、自然地消失，即一切都是本來如此、必然如此。〈知北遊〉中說：「天不得不高，地不得不廣，日月不得不行，萬物不得不昌，此其道與？」〈天道〉中又說：「天地固有常矣，日月固有明矣，星辰固有列矣，禽獸固有群矣，樹木固有立矣。」由此可知「道」就是事物的本然性和必然性，即事物的自然規律。〈繕性〉中說：「道，理也。」既然「道」是永恆的、固有的，因而只能「循道而趨」，遵循它的必然規律。

《莊子》一書中多次談到「體道」一事，表面上看，「體道」乃是個人的自我修養，其實是追求一種宇宙精神，追求物我交融的心態，從這一角度說，「道」又是一種精神境界。這種境界的基本特徵是：「天地與我並生，萬物與我爲一」（〈齊物論〉）；「芒然彷徨乎塵垢之外，逍遙乎无爲之業」（〈大宗師〉）；「乘夫莽眇之鳥，以出六極之外，而遊无何有之鄉，以處壙埌之野」（〈應帝王〉）。要達到這樣的境界當然得去除各種內外的阻滯和障蔽，包括超越外在各種因素的誘惑與影響，突破自身形骸的拘限，並消除一切智能活動和成見；同時還要培養死生如一的心態，從了解宇宙變化的眞情中逐步凝聚自己的精神世界，即所謂「外天下」、「外物」、「外生死」以及「離形去智」而達到「坐忘」、「心齋」的境界。這樣的精神境界既是一種人生觀的體現，也是一種世界觀的體現。《莊子》哲學思想的又一重要組織部分，就是它的相對論認識。首先《莊子》認爲事物總是相對而又相生的，也就是說任何事物都具有既互相對立，又互相依賴的正反兩個方面。拿形成萬物的「氣」來說，同樣存在陰與陽相對相生的性質，天與地、日與月、動與靜、明與晦、生與死、消與長、男與女、雄與雌等等就是最普通的陰陽相對相生的概念。

其次《莊子》認識到事物的運動變化總是向它相對立的方面轉化。〈齊物論〉說道：「其分也，成也；其成也，毀也」，總結出事物分化與合成的對應發展的基本趨勢。〈則陽〉又進一步說：「陰陽相照相蓋相治，四時相代相生相殺，欲惡去就於是橋起，雌雄片合於是庸有。安危相易，禍福相生，緩急相摩，聚散以成。此名實之可紀，精微之可志也。隨序之相理，橋運之相使，窮則反，終則始。此物之所有，言之所盡，知之所至，極言而已。」

第三，《莊子》認爲從「道」的總體性、同一性的角度說，宇宙萬物儘管千差萬別，小與大、短與長、美與醜、分與成，說到底又是齊一的，沒有區別的。

第四，《莊子》認爲確定認知的標準是困難的，甚至是不可能的，因爲任何認知都會受到特定條件的限制，受到時空的制約。如果離開特定的條件，超越了時空的制約，認知就只能是相對的。〈大宗師〉說：「知有所待而後當，其所待者，特未定也。」加之「物量无窮，時无止，分无常，終始无故」（〈秋水〉），認知也就只具有相對性，不可能有客觀劃一的標準。全書多次舉例說明時空的無限性、事物變化的不定性以及認知主體的局限性，從而誇大了事物的相對性，掩蓋了相對關係中的絕對性因素，於是導向不可知。〈齊物論〉中說道：「物无非彼，物无非是，自彼則不見，自是則知之。故曰，彼出於是，是亦因彼。彼是方生之說也。雖然，方生方死，方死方生，方可方不可，方不可方可；因是因非，因非因是。」於是得出這樣的結論：「天下莫大於秋毫之末，而泰山爲小；莫壽於殤子，而彭祖爲夭」（〈齊物論〉），錯誤當然不言自明。由此，《莊子》認爲「彼亦一是非，此亦一是非」，任何辯論的雙方都無所謂是非，因而言論也應是齊一的了。

《莊子》的哲學思想深邃玄妙，它觸及到認知世界裡的許多重大問題，處處閃爍出人類思維活動的火花，當然它也深深打上了那一時代的烙印。

三

再來討論《莊子》的社會觀。〈逍遙遊〉中有這樣一句話：「至人无己，神人无功，聖人无名。」〈天道〉又說：「夫帝王之德，以天地爲宗，以道德爲主，以无爲爲常。无爲也，則用天下而有餘；有爲也，則爲天下用而不足。」通觀全書，「無爲」和「無己」就是《莊子》一書政治主張和生活旨趣的高度概括。

《莊子》中的人物眾多，上至諸侯國君，下到奴僕屠者，不同階層、不同社會面貌的人都能深深留下印記，通過這些形形色色的人所組成的形形色色的事，反映出那一時代的社會畫面。《莊子》認爲社會「沈濁」，「不可與莊語」，因此該書大多採用寓言的曲折手法，透過各種自然和社會現象探求更爲深邃、更有價值的哲理。

《莊子》一書充分表現了莊周憤世嫉邪的思想和情緒。它抨擊各國諸侯的征戰，譴責他們給人民帶來禍殃，〈徐无鬼〉中說：「君獨爲萬乘之主，以苦一國之民，以養耳目鼻口」，指出他們「殺人之士民，兼人之土地，以養吾私與吾神」，並且直接戳穿統治者挑起戰爭的欺騙蠱惑手段，「愛民，害民之始也；爲義偃兵，造兵之本也」。它認爲一切虛僞、欺詐、盜竊等社會弊端全都是統治者造成的，〈則陽〉中借古諷今說：「古之君人者，以得爲在民，以失爲在己；以正爲在民，以枉爲在己。故一形有失其形者，退而自責。今則不然，匿爲物，而愚不識；大爲難，而罪不敢；重爲任，而罰不勝；遠其塗，而誅不至。民知力竭，則以僞繼之。日出多僞，士民安取不僞？夫力不足則僞，知不足則欺，財不足則盜，盜竊之行，於誰責而可乎？」〈山木〉還直接指責統治者是「昏上亂相」，〈胠篋〉說得更直接：「竊鉤者誅，竊國者爲諸侯，諸侯之門仁義存焉。」正是因爲統治者的肆虐，才會造成「今世殊死者相枕也，桁楊者相推也，刑戮者相望也」(〈在宥〉)的社會慘況。書中對於權貴的嘲諷，對於社會名流的譏誚，對於貪婪、欺詐、虛僞、驕矜、故作姿態等等醜行的揭露與批判，是不勝枚舉的。

然而，面對社會的黑暗與不公，面對社會的矛盾與動盪，莊周卻未能看到社會進步發展的必然趨勢，而是走向了另一極端，主張退回到原始樸鄙的社會去。《莊子》認爲社會的不公與醜惡，是跟統治者出現於政治歷史舞臺分不開的。〈庚桑楚〉就說：「大亂之本，必生於堯舜之間，其末存乎千世之後。千世之後，其必有人與人相食也。」因此《莊子》在抨擊黑暗現實的同時，多次描繪出原始「至德之世」的景象，作爲他政治理想上的追求。〈胠篋〉說：「子獨不知至德之世乎？……當是時也，民結繩而用之，甘其食，美其服，樂其俗，安其居，鄰國相望，雞狗之音相聞，民至老死而不相往來。」〈馬蹄〉還說：「夫至德之世，同與禽獸居，族與萬物並，惡乎知君子、小人哉！同乎无知，其德不離；同乎无欲，是謂素樸。素樸而民性得矣。」這實際上是讓社會倒退到原始蒙昧的時代。

一方面斥責仁義和聖賢，一方面棄置聰明與智巧，把這兩者併合起來，就是《莊子》一書治世的總方針，〈在宥〉就說：「絕聖棄知，天下大治。」照此構想，功利還有什麼用，無爲也就是最大的作爲了。

《莊子》所倡導的人生態度的中心是順應自然。認爲要眞正做到無爲，首先還得忘掉自我，「無己」之後當然就不會受到外物所拘滯，不會去追逐名利，不會去譴責是非曲直，這樣才「可以保身，可以全生，可以養親，可以盡年」（〈養生主〉）。然後才是有感而應，凝神寂志，並最終達到恬淡自適的境界，正像〈天道〉所說的那樣：「夫虛靜恬淡、寂寞无爲者，天地之平而道德之至。」《莊子》人生哲學的另一重要內容，就是對待生死的態度。莊周主張生死不分、死生齊一，即超脫生死，置死生於度外。〈刻意〉說：「其生若浮，其死若休」；〈大宗師〉也說：「不知所以生，不知所以死。」生與死既然都是「氣」的聚合與離散，因而「死生同狀」（〈天地〉）。就是他臨死時還在風趣地對弟子說：「在上爲烏鳶食，在下爲螻蟻食，奪彼與此，何其偏也！」

順應自然固然有遵循客觀規律的積極一面，但一任順應，過分強調了事物的自身運動而忽略了人的主觀能動作用，勢必又導向其反面，走向聽天由命的宿命觀，這又是莊周人生態度上的消極面。〈大宗師〉說：「死生，命也；其有夜旦之常，天也。人之有所不得與，皆物之情也」，〈德充符〉說：「死生、存亡、窮達、貧富、賢與不肖、毀譽、飢渴、寒暑，是事之變，命之行也。」把困厄、貧富、好壞、毀譽看作命運的安排，這當然是應當加以批判的。

《莊子》的思想是十分複雜的。一方面譴責人爲征戰的惡果和社會不公，一方面又希圖讓人安於現狀；一方面指出了事物的對立轉化，另一方面卻又大倡不可知論，其矛盾的焦點又集中到對待儒學的態度上。全書多處痛斥儒家的仁義之道，揭露其學說的虛僞性和欺騙性，但在具有後序性質的〈天下〉篇中卻沒有用一個字來譴責孔子和儒學；有的篇章抨擊孔子眞是一點不留情面，有的篇章卻褒揚孔子身臨厄境還能泰然處順；全書反覆倡導無爲而治，順乎自然，但個別篇章又滑向「上必无爲有用天下，下必有爲爲天下用」（〈天道〉），甚至〈天下〉等篇還提出了所謂「外王」的概念，用與「内聖」相對，這都與莊周的初衷不盡吻合。其實這些矛盾現象正反映出《莊子》思想的複雜性，説明《莊子》思想體系本身就是一個複雜的整體，要知道活躍在當世的衆多學説體系不可能不互相影響、互相滲透，不同的境況，不同的心緒也會不自覺地偏離初衷。

四

《莊子》文情跌宕，意境深遠，變化莫測，恣肆汪洋，在先秦諸子散文中獨樹一幟，甚至可以説代表了那一時代散文藝術的最高成就。人們常常把它與屈原的作品相提並稱，魯迅先生在《漢文學史綱要》中曾這樣評價：「汪洋闢闔，儀態萬方，晚周諸子之作，莫能先之。」

《莊子》的藝術特點最重要的是寓言，司馬遷就曾説過：「其著述十餘萬言，大抵率寓言也。」寓言的形式大大增加了《莊子》的文學形象性。《莊子》全書描寫了許多有趣的人物，這許多人物有不少在歷史上也是有名有姓的，如像孔子、盜跖、老聃、列禦寇、宋元君、魏惠王、惠施、公孫龍、接輿、許由、子產等。有名有姓並非眞有其事，故事是編出來的，人物是爲其表達設置的，爲其主題服務的。杜撰的人物更是多得不可勝舉，盜墓的大儒與小儒，奇醜怪異的王駘、申徒嘉、叔山无趾和哀駘它，仿效西施抱胸蹙眉的東施，善於把無用看作有用的匠石，專心致志的痀僂，出神入化的南郭子綦，故作姿態的尸祝以及許許多多體道者的形象；就是那些小動物，也被擬人化而具有了鮮明的個性。

但是《莊子》寫人敘事目的並不在於寫人敘事本身，而是爲了寄寓深刻的哲理。故事和人物是作爲形象化了的論據出現的，這就使深奧的道理和生動的形象結合起來，使邏輯思維和形象思維結合起來，創造出一種獨特的散文意境，從而加深了它的哲理論述的形象性。

《莊子》的又一重要藝術特點是具體生動的譬喻。庖丁解牛喻指遵循事物自然之理；埳井之蛙喻指淺薄鄙陋之人；不龜手之藥喻指不識深妙高遠的作用等等。《莊子》極富於想像，又精於神話表現手法，其用作譬喻的材料也格外豐富，方法也格外靈活多樣，可以說任何時空的情況和任何事物之間都可以構成譬喻。〈齊物論〉中描寫各種自然的音響，連續用了十六個譬喻，生動貼切、淋漓盡致。〈則陽〉篇裡諷刺諸侯之間的戰爭，用蝸牛的左右角來號稱觸氏與蠻氏的對抗。爲了表達追求自然，反對人爲的思想，〈胠篋〉篇把規矩、繩墨、陶冶、馴馬之術等比喻成治事的束縛。這一切運用之靈活、達意之精微，在古代典籍中是極爲少見的。

《莊子》散文的又一藝術特點是豐富奇特的想像。《莊子》的聯想是在寓託和比喻基礎上，進一步通過虛構、誇張和奇妙的幻想，造成一種極爲深邃、極爲玄妙的意境。人們常說《莊子》極富於浪漫主義色彩，指的就是這層意思。在〈逍遙遊〉中，爲了追求所謂絕對的自由，他將特大與特小之事物均有所依待的情況對比起來描寫。鵬鳥水擊三千里、摶扶搖而上九萬里，而斥鴳躍起而飛不過數仞而下；坳堂杯水，「置杯則膠」，而「芥爲之舟」。壽長如大椿，以八千歲爲春、八千歲爲秋，壽短如菌類朝生暮謝。至於那游離、飄逸的霧靄和塵土更是那麼沸沸揚揚、變化不定，使人讀後遐想聯翩，思維頓感活躍起來。〈外物〉寫負有大任的人必有大志，寓設任公子「爲大鉤巨緇」，用五十頭犍牛作釣餌，蹲在會稽山上，投竿於浩瀚的東海，一整年釣不上一條魚；一旦大魚上鉤，便「白波如山，海水震蕩，聲侔鬼神，憚赫千里」，而且浙江以東，蒼梧以北的人沒有誰不吃厭了魚肉，其想像力之豐富眞可說是無與倫比。

此外，〈至樂〉中莊子跟骷髏的趣談，〈德充符〉中子產與申徒嘉走出師門誰先誰後的對話，〈秋水〉中虛擬的埳井之蛙與東海之鱉的交談，〈列禦寇〉中莊子對曹商使秦的嘲諷，〈外物〉中大儒、小儒夥同盜墓的描寫和莊子向監河侯借糧時的答話等等，更是妙趣橫生，甜酸苦辣、嬉笑怒罵一應俱全。《莊子》中的許許多多生動形象、豐富多彩的語言材料，具有極強的表現力和穿透力，既是對生活的高度概括，又是智慧的凝聚與閃現。至今不少語言材料還活躍在成語裡，成爲現代漢語詞彙中的寶貴財富，如「朝三暮四」、「運斤成風」、「望洋興嘆」、「貽笑大方」、「邯鄲學步」、「吐故納新」、「得意忘言」、「搖舌鼓唇」、「大相逕庭」、「東施效顰」、「庖丁解牛」、「痀僂承蜩」、「埳井之蛙」、「雞鳴狗吠」、「每況愈下」、「越俎代庖」等等，這是《莊子》對漢語文學的一大貢獻。

本書譯文力求直譯，直譯有困難時方才考慮意譯。爲幫助閱讀，每篇之首還加了導讀和段落大意的提示。

筆者長期從事語言工作，對《莊子》的哲學思想和文學價值的探討還自感膚淺。承蒙出版社諸位同仁厚愛和幫助，筆者勉爲其難，總算完稿。疏漏與不如人意之處在所難免，只得留待讀者批評指正了。

莊子 目次

雜篇

逍遙遊

卷一 導讀

「逍遙」也寫作「消搖」，意思是優遊自得的樣子；「逍遙遊」就是沒有任何束縛地、自由自在地活動。

全文可分爲三個部分，第一部分至「聖人無名」，是本篇的主體，從對比許多不能「逍遙」的例子說明，要得眞正達到自由自在的境界，必須「無己」、「無功」、「無名」。第二部分至「窅然喪其天下焉」，緊承上一部分進一步闡述，說明「無己」是擺脫各種束縛和依憑的唯一途徑，只要眞正做到忘掉自己、忘掉一切，就能達到逍遙的境界，也只有「無己」的人才是精神境界最高的人。餘下爲第三部分，論述什麼是眞正的有用和無用，說明不能爲物所滯，要把無用當作有用，進一步表達了反對積極投身社會活動，志在不受任何拘束，追求優遊自得的生活旨趣。

本篇是《莊子》的代表篇目之一，充滿奇特的想像和浪漫的色彩，寓說理於寓言和生動的比喻中，形成獨特的風格。「逍遙遊」也是莊子哲學思想的一個重要方面。全篇一再闡述無所依憑的主張，追求精神世界絕對自由。在莊子的眼裡，客觀現實中的一事一物，包括人類本身都是對立而又相互依存的，這就沒有絕對的自由，要想無所依憑就得無己。因而他希望一切順乎自然，超脫於現實，否定人在社會生活中的一切作用，把人類的生活與萬物的生存混爲一體；提倡不滯於物，追求無條件的精神自由。

北冥有魚❶，其名爲鯤❷。鯤之大，不知其幾千里也；化而爲鳥，其名爲鵬❸。鵬之背，不知其幾千里也；怒而飛❹，其翼若垂天之雲❺。是鳥也，海運則將徙於南冥❻。南冥者，天池也❼。齊諧者❽，志怪者也❾。諧之言曰：「鵬之徙於南冥也，水擊三千里❿，摶扶搖而上者九萬里⓫，去以六月息者也⓬。」野馬也⓭，塵埃也⓮，生物之以息相吹也⓯。天之蒼蒼，其正色邪？其遠而無所至極邪⓰？其視下也，亦若是則已矣。且夫水之積也不厚，則其負大舟也無力。覆杯水於坳堂之上⓱，則芥爲之舟⓲，置杯焉則膠，水淺而舟大也。風之積也不厚，則其負大翼也無力，故九萬里則風斯在下矣⓳。而後乃今培風⓴，背負青天而莫之夭閼者㉑，而後乃今將圖南。蜩與學鳩笑之曰㉒：「我決起而飛㉓，槍榆枋[24]，時則不至，而控於地而已矣[25]；奚以之九萬里而南爲[26]？」適莽蒼者[27]，三飡而反[28]，腹猶果然[29]；適百里者，宿舂糧[30]；適千里者，三月聚糧。之二蟲又何知[31]？小知不及大知[32]，小年不及大年。奚以知其然也？朝菌不知晦朔[33]，蟪蛄不知春秋[34]，此小年也。楚之南有冥靈者[35]，以五百歲爲春，五百歲爲秋；上古有大椿者[36]，以八千歲爲春，八千歲爲秋[37]。而彭祖乃今以久特聞[38]，衆人匹之[39]，不亦悲乎？

湯之問棘也是已[40]：「窮髮之北有冥海者[41]，天池也。有魚焉，其廣數千里，未有知其修者[42]，其名爲鯤。有鳥焉，其名爲鵬，背若太山[43]，翼若垂天之雲；搏扶搖、羊角而上者九萬里[44]，絶雲氣[45]，負青天，然後圖南，且適南冥也。斥鴳笑之曰[46]：『彼且奚適也？我騰躍而上，不過數仞而下[47]，翱翔蓬蒿之間，此亦飛之至也[48]。而彼且奚適也？』」此小大之辯也[49]。故夫知效一官[50]、行比一鄉[51]、德合一君、而徵一國者[52]，其自視也亦若此矣。而宋榮子猶然笑之[53]。且舉世而譽之而不加勸[54]，舉世而非之而不加沮[55]，定乎內外之分[56]，辯乎榮辱之境[57]，斯已矣。彼其於世，未數數然也[58]。雖然，猶有未樹也。夫列子御風而行[59]，泠然善也[60]，旬有五日而後反[61]。彼於致福者[62]，未數數然也。此雖免乎行，猶有所待者也[63]。若夫乘天地之正[64]，而御六氣之辯[65]，以遊無窮者，彼且惡乎待哉[66]？故曰：至人無己[67]，神人無功[68]，聖人無名[69]。

【注　釋】

❶冥：亦作溟，海之意。「北冥」，就是北方的大海。下文的「南冥」仿此。傳說北海無邊無際，水深而黑。❷鯤：本指魚卵，這裡借表大魚之名。❸鵬：本爲古「鳳」字，這裡用表大鳥之名。❹怒：奮起。❺垂：邊遠；這個意義後代寫作「陲」。一說遮，遮天。❻海運：海水運動，這裡指洶湧的海濤，一說指鵬鳥在海面飛行。徙：遷移。❼天池：天然

的大池。❽齊諧：書名。一說人名。❾志：記載。❿擊：拍打，這裡指鵬鳥奮飛而起雙翼拍打水面。⓫摶：環繞而上。一說「摶」當作「搏」，拍擊的意思。扶搖：又名叫飆，由地面急劇盤旋而上的暴風。⓬去：離，這裡指離開北海。息：停歇。⓭野馬：春天林澤中的霧氣。霧氣浮動狀如奔馬，故名「野馬」。⓮塵埃：揚在空中的土叫「塵」，細碎的塵粒叫「埃」。⓯生物：概指各種有生命的東西。息：這裡指有生命的東西呼吸所產生的氣息。⓰極：盡。⓱覆：傾倒。坳：坑凹處，「坳堂」指廳堂地面上的坑凹處。⓲芥：小草。⓳斯：則，就。⓴而後乃今：意思是這之後方才，以下同此解。培：通作「憑」，憑借。㉑莫：這裡作沒有什麼力量講。夭閼：又寫作「夭遏」，意思是遏阻、阻攔。「莫之夭閼」即「莫夭閼之」的倒裝。㉒蜩：蟬。學鳩：一種小灰雀，這裡泛指小鳥。㉓決：通作「翅」，迅疾的樣子。㉔槍：突過。榆枋：兩種樹名。㉕控：投下，落下來。㉖奚以：何以。之：去到。爲：句末疑問語氣詞。㉗適：往，去到。莽蒼：指迷茫看不眞切的郊野。㉘飡：同餐。反：返回。㉙猶：還。果然：飽的樣子。㉚宿：這裡指一夜。㉛之：這。二蟲：指上述的蜩與學鳩。㉜知：通「智」，智慧。㉝朝：清晨。晦朔：一個月的最後一天和最初天。一說「晦」指黑夜，「朔」指清晨。㉞蟪蛄：即寒蟬，春生夏死或夏生秋死。㉟冥靈：傳說中的大龜。一說樹名。㊱大椿：傳說中的古樹名。㊲根據前後用語結構的特點，此句之下當有「此大年也」一句，但傳統本子均無此句。㊳彭祖：古代傳說中年壽最長的人。乃今：而今。以：憑。特：獨。聞：聞名於世。㊴匹：配，比。㊵湯：商湯。棘：湯時的賢大夫。已：矣。㊶窮髮：不長草木的地方。㊷修：長。㊸太山：大山。一說即泰山。㊹羊角：旋風，回旋向上如羊角狀。㊺絕：穿過。㊻斥鴳：一種小鳥。㊼仞：古代長度單位，周制爲八尺，漢制爲七尺，這裡應從周制。㊽至：極點。㊾辯：通作「辨」，辨別、區分的意思。㊿效：功效，這裡含有勝任的意思。官：官職。(51)行：品行。比：比並。(52)而：通作「能」，能力。徵：取信。(53)宋榮子：一名宋鈃，宋國人，戰國時期的思想家。猶然：譏笑的樣子。(54)擧：全。勸：勸勉，努力。(55)非：責難，批評。沮：沮喪。56內外：這裡分別指自身和身外之物。在莊子看來，自主的精神是內在的，榮譽和非難都是外在的，而只有自主的精神才是重要的、可貴的。57境：界限。58數數然：急急忙忙的樣子。59列子：鄭國人，名叫列禦寇，戰國時代思想家。御：駕馭。60泠然：輕盈美好的樣子。61旬：十天。有：又。62致：羅致，這裡有尋求的意思。63待：憑借，依靠。64乘：遵循，憑借。天地：這裡指萬物，指整個自然界。正：本，這裡指自然的本性。65御：含有因循、順著的意思。六氣：指陰、陽、風、雨、晦、明。辯：通作「變」，變化的意思。66惡：何，什麼。67至人：這裡指道德修養最高尚的人。無己：清除外物與自我的界線，達到忘掉自己的境界。68神人：這裡指精神世界完全能超脫於物外的人。無功：不建樹功業。69聖人：這裡指思想修養臻於完美的人。無名：不追求名譽地位。

【譯文】

北方的大海裡有一條魚，它的名字叫做鯤。鯤的體積，眞不知道大到幾千里；變化成爲鳥，它的名字就叫鵬。鵬的脊背，眞不知道長到幾千里；當它奮起而飛的時候，那展開的雙翅就像天邊的雲。這隻鵬鳥呀，隨著海上洶湧的波濤遷徙到南方的大海。南方的大海是個天然的大池。《齊諧》是一部專門記載怪異事情的書，這本書上記載說：「鵬鳥遷徙到南方的大海，翅膀拍擊水面激起三千里的波濤，海面上急驟的狂風盤旋而上直衝九萬里高空，離開北方的大海用了六個月的時間方才停歇下來」。春日林澤原野上蒸騰浮動猶如奔馬的霧氣，低空裡沸沸揚揚的塵埃，都是大自然裡各種生物的氣息吹拂所致。天空是那麼的湛藍，難道這就是它眞正的顏色嗎？抑或是高曠遼遠沒法看到它的盡頭呢？鵬鳥在高空往下看，不過也就像這個樣子罷了。

再說水匯積不深，它浮載大船就沒有力量。倒杯水在庭堂的低窪處，那麼小小的芥草也可以把它當作船；而擱置杯子就粘住不動了，因爲水太淺而船太大了。風聚積的力量不雄厚，它托負巨大的翅膀便力量不夠。所以，鵬鳥高飛九萬里，狂風就在它的身下，然後方才憑借風力飛行，背負青天而沒有什麼力量能夠阻遏它了，然後才像現在這樣飛到南方去。寒蟬與小灰雀譏笑它說：「我從地面急速起飛，碰著榆樹和檀樹的樹枝，常常飛不到而落在地上，爲什麼要到九萬里的高空而向南飛呢？」到迷茫的郊野去，帶上三餐就可以往返，肚子還是飽飽的；到百里之外去，要用一整夜時間準備乾糧；到千里之外去，三個月以前就要準備糧食。寒蟬和灰雀這兩個小東西懂得什麼！小聰明趕不上大智慧，壽命短比不上壽命長。怎麼知道是這樣的呢？清晨的菌類不會懂得什麼是晦朔，寒蟬也不會懂得什麼是春秋，這就是短壽。楚國南邊有叫冥靈的大龜，它把五百年當作春，把五百年當作秋；上古有叫大椿的古樹，它把八千年當作春，把八千年當作秋，這就是長壽。可是彭祖到如今還是以年壽長久而聞名於世，人們與他攀比，豈不可悲可嘆嗎？

商湯詢問棘的話是這樣的：「在那草木不生的北方，有一個很深的大海，那就是『天池』。那裡有一種魚，它的脊背有好幾千里，沒有人能夠知道它有多長，它的名字叫做鯤。有一種鳥，它的名字叫鵬，它的脊背像座大山，展開雙翅就像天邊的雲。鵬鳥奮起而飛，翅膀拍擊急速旋轉向上的氣流直衝九萬里高空，穿過雲氣，背負青天，這才向南飛去，打算飛到南方的大海。斥鴳譏笑它說：『它打算飛到哪兒去？我奮力跳起來往上飛，不過幾丈高就落了下來，盤旋於蓬蒿叢中，這也是我飛翔的極限了。而它打算飛到什麼地方去呢？』」這就是小與大的不同了。

所以，那些才智足以勝任一個官職，品行合乎一鄉人心願，道德能使國君感到滿意，能力足以取信一國之人的人，他們看待自己也像是這樣哩。而宋榮子卻譏笑他們。世上的人們都讚譽他，他不會因此越發努力，世上的人們都非難他，他也不會因此而更加沮喪。他清楚地劃定自身與物外的區別，辨別榮譽與恥辱的界限，不過如此而已呀！宋榮子他對於整個社會，從來不急急忙忙地去追求什麼。雖然如此，他還是未能達到最高的境界。列子能駕風行走，那樣子實在輕盈美好，而且十五天後方才返回。列子對於尋求幸福，從來沒有急急忙忙的樣子。他這樣做雖然免除了行走的勞苦，可還是有所依憑呀。至於遵循宇宙萬物的規律，把握「六氣」的變化，遨遊於無窮無盡的境域，他還仰賴什麼呢！因此說，道德修養高尚的「至人」能夠達到忘我的境界，精神世界完全超脫物外的「神人」心目中沒有功名和事業，思想修養臻於完美的「聖人」從不去追求名譽和地位。

堯讓天下於許由❶，曰：「日月出矣，而爝火不息❷；其於光也，不亦難乎？時雨降矣❸，而猶浸灌❹；其於澤也❺，不亦勞乎❻？夫子立而天下治❼，而我猶尸之❽；吾自視缺然❾，請致天下❿。」許由曰：「子治天下⓫，天下既已治也；而我猶代子，吾將爲名乎？名者，實之賓也⓬；吾將爲賓乎？鷦鷯巢於深林⓭，不過一枝；偃鼠飲河⓮，不過滿腹。歸休乎君⓯，予無所用天下爲⓰！庖人雖不治庖⓱，尸祝不越樽俎而代之矣⓲！」

肩吾問於連叔曰[19]：「吾聞言於接輿[20]，大而無當[21]，往而不反[22]。吾驚怖其言，猶河漢而無極也[23]；大有逕庭[24]，不近人情焉。」連叔曰：「其言謂何哉？」曰：「藐姑射之山[25]，有神人居焉。肌膚若冰雪，綽約若處子[26]，不食五穀，吸風飲露，乘雲氣，御飛龍，而遊乎四海之外；其神凝[27]，使物不疵癘而年穀熟[28]。——吾以是狂而不信也[29]。」連叔曰：「然。瞽者無以與乎文章之觀[30]，聾者無以與乎鐘鼓之聲。豈唯形骸有聾盲哉？夫知亦有之！是其言也猶時女也[31]。之人也，之德也，將旁礴萬物以爲一[32]，世蘄乎亂[33]，孰弊弊焉以天下爲事[34]！之人也，物莫之傷：大浸稽天而不溺[35]，大旱金石流、土山焦而不熱。是其塵垢粃糠將猶陶鑄堯舜者也[36]，孰肯以物爲事？」

宋人資章甫而適諸越[37]，越人斷髮文身[38]，無所用之。堯治天下之民，平海內之政，往見四子藐姑射之山，汾水之陽㊴，窅然喪其天下焉㊵。

【注釋】

❶堯：我國歷史上傳說時代的聖明君主。許由：古代傳說中的高士，字仲武，隱於箕山。相傳堯要讓天下給他，他自命高潔而不受。❷爝火：炬火，木材上蘸上油脂燃起的火把。❸時雨：按時令季節及時降下的雨。❹浸灌：灌溉。❺澤：潤澤。❻勞：這裡含有徒勞的意思。❼立：位，在位。❽尸：廟中的神主，這裡用其空居其位，虛有其名之義。❾缺然：不足的樣子。❿致：給與。⓫子：對人的尊稱。⓬賓：次要的、派生的東西。⓭鷦鷯：一種善於築巢的小鳥。⓮偃鼠：鼹鼠。⓯休：止，這裡是算了的意思。⓰爲：句末疑問語氣詞。⓱庖人：廚師。⓲尸祝：祭祀時主持祭祀的人。樽：酒器。俎：盛肉的器皿。「樽俎」這裡代指各種廚事。成語「越俎代庖」出於此。⓳肩吾、連叔：舊說皆爲有道之人，實是莊子爲表達的需要而虛構的人物。⓴接輿：楚國的隱士，姓陸名通，接輿爲字。㉑當：底，邊際。㉒反：返。㉓河漢：銀漢。極：邊際，盡頭。㉔逕：門外的小路。庭：堂外之地。「逕庭」連用，這裡喻指差異很大。成語「大相逕庭」出於此。㉕藐：遙遠的樣子。姑射：傳說中的山名。㉖綽約：柔弱、美好的樣子。處子：處女。㉗凝：指神情專一。㉘疵癘：疾病。㉙以：認爲。狂：通作「誑」，虛妄之言。信：眞實可靠。㉚瞽：盲。文章：花紋、色彩。㉛時：是。女：汝，你。舊注指時女爲處女，聯繫上下文實是牽強，故未從。㉜旁礴：混同的樣子。㉝蘄：祈，求的意思。亂：這裡作「治」講，這是古代同詞義反的語言現象。㉞弊弊焉：忙忙碌碌、疲憊不堪的樣子。㉟大浸：大水。稽：至。㊱粃：癟穀。穅：「糠」字之異體。陶：用土燒製瓦器。鑄：熔煉金屬鑄

造器物。㊲資：販賣。章甫：古代殷地人的一種禮帽。適：往。㊳斷髮：不蓄頭髮。文身：在身上刺滿花紋。越國處南方，習俗與中原的宋國不同。㊴四子：舊注指王倪、齧缺、被衣、許由四人，實爲虛構的人物。陽：山的南面或水流的北面。㊵窅然：悵然若失的樣子。喪：喪失、忘掉。

【譯文】

堯打算把天下讓給許由，說：「太陽和月亮都已升起來了，可是小小的炬火還在燃燒不息；它要跟太陽和月亮的光亮相比，不是很難嗎？季雨及時降落了，可是還在不停地澆水灌地；如此費力的人工灌溉對於整個大地的潤澤，不顯得徒勞嗎？先生如能居於國君之位天下一定會獲得大治，可是我還空居其位；我自己越看越覺得能力不夠，請允許我把天下交給你。」許由回答說：「你治理天下，天下已經獲得了大治，而我卻還要去替代你，我將爲了名聲嗎？『名』是『實』所派生出來的次要東西，我將去追求這次要的東西嗎？鷦鷯在森林中築巢，不過佔用一棵樹枝；鼴鼠到大河邊飲水，不過喝滿肚子。你還是打消念頭回去吧，天下對於我來說沒有什麼用處啊！廚師即使不下廚，祭祀主持人也不會越俎代庖的！」

肩吾向連叔求教：「我從接輿那裡聽到談話，大話連篇沒有邊際，一說下去就回不到原來的話題上。我十分驚恐他的言談，就好像天上的銀河沒有邊際，跟一般人的言談差異甚遠，確實是太不近情理了。」連叔問：「他說的是些什麼呢？」肩吾轉述道：「在遙遠的姑射山上，住著一位神人，皮膚潤白像冰雪，體態柔美如處女，不食五穀，吸清風飲甘露，乘雲氣駕飛龍，遨遊於四海之外。他的神情那麼專注，使得世間萬物不受病害，年年五穀豐登。──我認爲這全是虛妄之言，一點也不可信。」

連叔聽後說：「是呀！對於瞎子沒法同他們欣賞花紋和色彩，對於聾子沒法同他們聆聽鐘鼓的樂聲。難道只是形骸上有聾與瞎嗎？思想上也有聾和瞎啊！這話似乎就是說你肩吾的呀。那位神人，他的德行，與萬事萬物混同一起，以此求得整個天下的治理，誰還會忙忙碌碌把管理天下當成回事！那樣的人呀，外物沒有什麼能傷害他，滔天的大水不能淹沒他，天下大旱使金石熔化、土山焦裂，他也不感到灼熱。他所留下的塵埃以及癟穀糠麩之類的廢物，也可造就出堯舜那樣的聖賢人君來，他怎麼會把忙著管理萬物當作己任呢！

北方的宋國有人販賣帽子到南方的越國，越國人不蓄頭髮滿身刺著花紋，沒什麼地方用得著帽子。堯治理好天下的百姓，安定了海內的政局，到姑射山上、汾水北面，去拜見四位得道的高士，不禁悵然若失，忘記了自己居於治理天下的地位。

惠子謂莊子曰❶：「魏王貽我大瓠之種❷，我樹之成❸，而實五石❹。以盛水漿，其堅不能自舉也❺。剖之以爲瓢，則瓠落無所容❻。非不呺然大也❼，吾爲其無用而掊之❽。」莊子曰：「夫子固拙於用大矣❾！宋人有善爲不龜手之藥者❿，世世以洴澼絖爲事⓫。客聞之，請買其方百金⓬。聚族而謀曰：『我世世爲洴澼絖，不過數金；今一朝而鬻技百金⓭，請與之。』客得之，以說吳王⓮。越有難⓯，吳王使之將⓰，冬與越人水戰，大敗越人，裂地而封之[17]。能不龜手一也[18]，或以封[19]，或不免於洴澼絖，則所用之異也。今子有五石之瓠，何不慮以爲大樽[20]，而浮於江湖，而憂其瓠落無所容？則夫子猶有蓬之心也夫[21]！」

惠子謂莊子曰：「吾有大樹，人謂之樗[22]。其大本擁腫而不中繩墨[23]，其小枝卷曲而不中規矩[24]，立之塗[25]，匠者不顧。今子之言大而無用，眾所同去也。」莊子曰：「子獨不見狸狌乎[26]？卑身而伏[27]，以候敖者[28]；東西跳梁[29]，不辟高下[30]；中於機辟[31]，死於罔罟[32]。今夫斄牛[33]，其大若垂天之雲。此能爲大矣，而不能執鼠。今子有大樹，患其無用，何不樹之於無何有之鄉[34]，廣莫之野[35]，彷徨乎無爲其側[36]，逍遙乎寢臥其下。不夭斤斧[37]，物無害者，無所可用，安所困苦哉！」

【注釋】

①惠子：宋國人，姓惠名施，做過梁惠王的相。惠施本是莊子的朋友，爲先秦名家代表，

但本篇及以下許多篇章中所寫惠施與莊子的故事，多爲寓言性質，並不眞正反映惠施的思想。❷魏王：即梁惠王。貽：贈送。瓠：葫蘆。❸樹：種植、培育。❹實：結的葫蘆。石：容量單位，十斗爲一石。❺舉：拿起來。❻瓠落：又寫作「廓落」，很大很大的樣子。❼呺然：龐大而又中空的樣子。❽爲：因爲。掊：砸破。❾固：實在，確實。❿龜：通作「皸」，皮膚受凍開裂。⓫洴：浮。澼：在水中漂洗。絖：絲絮。⓬方：藥方。⓭鬻：賣，出售。⓮說：勸說，游說。⓯難：發難，這裡指越國對吳國有軍事行動。⓰將：統帥部隊。⓱裂：劃分出。⓲一：同一，一樣的。⓳或：無定代詞，這裡指有的人。以：憑借，其後省去賓語「不龜手之藥」。⓴慮：考慮。一說通作「攄」，用繩絡綴結。樽：本爲酒器，這裡指形似酒樽，可以拴在身上的一種凫水工具，俗稱腰舟。㉑蓬：草名，其狀彎曲不直。「有蓬之心」喻指見識淺薄不能通曉大道理。㉒樗：一種高大的落葉喬木，但木質粗劣不可用。㉓大本：樹幹粗大。擁腫：今寫作「臃腫」，這裡形容樹幹彎曲、疙里疙瘩。中：符合。繩墨：木工用以求直的墨線。㉔規矩：即圓規和角尺。㉕塗：通作「途」，道路。㉖狸：野貓。狌：黃鼠狼。㉗卑：低。㉘敖：通「遨」，遨遊。㉙跳梁：跳踉，跳躍、竄越的意思。㉚辟：避開，這個意義後代寫作「避」。㉛機辟：捕獸的機關陷阱。㉜罔：網。罟：網的總稱。㉝犛牛：牲牛。㉞無何有之鄉：指什麼也沒有生長的地方。㉟莫：大。㊱彷徨：徘徊，縱放。無爲：無所事事。㊲夭：夭折。斤：伐木之斧。

【譯　文】

惠子對莊子說：「魏王送我大葫蘆種子，我將它培植起來後，結出的果實有五石容積。用大葫蘆去盛水漿，可是它的堅固程度承受不了水的壓力。把它剖開做瓢也太大了，沒有什麼地方可以放得下。這個葫蘆不是不大呀，我因爲它沒有什麼用處而砸爛了它。」莊子說：「先生實在是不善於使用大東西呀！宋國有一善於調製不皸手藥物的人家，世世代代以漂洗絲絮爲職業。有個遊客聽說了這件事，願意用百金的高價收買他的藥方。全家人聚集在一起商量：『我們世世代代在河水裡漂洗絲絮，所得不過數金，如今一下子就可賣得百金。還是把藥方賣給他吧。』遊客得到藥方，來游說吳王。正巧越國發難，吳王派他統率部隊，冬天跟越軍在水上交戰，大敗越軍，吳王劃割土地封賞他。能使手不皸裂，藥方是同樣的，有的人用它來獲得封賞，有的人卻只能靠它在水中漂洗絲絮，這是使用的方法不同。如今你有五石容積的大葫蘆，怎麼不考慮用來製成腰舟，而浮游於江湖之上，卻擔憂葫蘆太大無處可容？看來先生你還是心竅不通啊！」

惠子又對莊子說：「我有棵大樹，人們都叫它『樗』。它的樹幹卻疙里疙瘩，不符合繩墨取直的要求，它的樹枝彎彎扭扭，也不適應圓規和角尺取材的需要。雖然生長在道路旁，木匠連看也不看。現今你的言談，大而無用，大家都會鄙棄它的。」莊子說：「先生你沒看見過野貓和黃鼠狼嗎？低著身子匍伏於地，等待那些出洞覓食或遊樂的小動物。一會兒東，一會兒西，跳來跳去，一會兒高，一會兒低，上下竄越，不曾想到落入獵人設下的機關，死於獵網之中。再有那犛牛，龐大的身體就像天邊的雲；它的本事可大了，不過不能捕捉老鼠。如今你有這麼大一棵樹，卻擔憂它沒有什麼用處，怎麼不把它栽種在什麼也沒有生長的地方，栽種在無邊無際的曠野裡，悠然自得地徘徊於樹旁，優遊自在地躺臥於樹下。大樹不會遭到刀斧砍伐，也沒有什麼東西會去傷害它。雖然沒有派上什麼用場，可是哪裡又會有什麼困苦呢？」

齊物論

卷二
導讀

本篇是《莊子》的又一代表篇目。「齊物論」包含齊物與齊論兩個意思。莊子認爲世界萬物包括人的品性和感情，看起來是千差萬別，歸根結底卻又是齊一的，這就是「齊物」。莊子還認爲人們的各種看法和觀點，看起來也是千差萬別的，但世間萬物既是齊一的，言論歸根結底也應是齊一的，沒有所謂是非和不同，這就是「齊論」。「齊物」和「齊論」合在一起便是本篇的主旨。

全文大體分成七個部分，第一部分至「怒者其誰邪」，從子綦進入無我境界開篇，生動地描寫大自然的不同聲響，並且指出它們全都出於自身。第二部分至「吾獨且奈何哉」，推進一步描述社會各種現象和人的各種不同心態，並指出這些實實在在的東西又都是出自虛無。第三部分至「此之謂以明」說明是非之爭並沒有價值。萬物都有其對立的一面，也有其統一的一面；萬物都在變化之中，而且都在向它自身對立的那一面轉化。從這一意義說，萬物既然是齊一的，那麼區別是與非就沒有必要，才智也就成了沒有價值的東西。第四部分至「此之謂葆光」，進一步指出大道並不曾有過區分，言論也不曾有過定論，人們所持有的是非與區分並非物之本然，而是主觀對外物的偏見，物、我一體，因而是非無別，容藏於一體。第五部分至「而況利害之端乎」，從忘物才能齊物入手，說明認識事物並沒有什麼絕對客觀的尺度，因而人的言論也就沒有確定是非區別的必要。第六部分至「故寓諸無竟」，借寓言人物之口闡述齊物與齊論的途徑，即忘掉死生、忘掉是非，把自己寄託於無窮的境域，從而遨遊於塵埃之外，這也就進一步說明物之不可分、言之不可辯。餘下爲第七部分，通過兩個寓言故事表明「無所憑依」和物我交合、物我俱化的旨意。

「齊物」與「齊論」是莊子哲學思想的又一重要方面，與「逍遙遊」一併構成莊子哲學思想體系的主體。莊子看到了客觀事物存在這樣那樣的區別，看到了事物的對立。但出於萬物一體的觀點，他又認爲這一切又都是統一的，渾然一體的，而且都在向其對立的一面不斷轉化，因而又都是沒有區別的。莊子還認爲各種各樣的學派和論爭都是沒有價值的。是與非、正與誤，從事物本於一體的觀點看也是不存在的。這既有宇宙觀方面的討論，也涉及到認識論方面的許多問題，因而在我國古代哲學研究中具有重要地位。篇文充滿辯證的觀點，但也經常陷入形而上學的泥潭，須得細加體會和分析。

南郭子綦隱机而坐[1]，仰天而噓[2]，荅焉似喪其耦[3]。顏成子游立侍乎前[4]，曰：「何居乎[5]？形固可使如槁木[6]，而心固可使如死灰乎[7]？今之隱机者，非昔之隱机者也[8]。」子綦曰：「偃[9]，不亦善乎，而問之也[10]？今者吾喪我，汝知之乎？女聞人籟[11]，而未聞地籟，女聞地籟而未聞天籟夫！」子游曰：「敢問其方[12]。」子綦曰：「夫大塊噫氣[13]，其名爲風，是唯無作[14]，作則萬竅怒呺[15]，而獨不聞之翏翏乎[16]？山林之畏佳[17]，大木百圍之竅穴，似鼻，似口，似耳，似枅[18]，似圈，似臼，似洼者，似污者[19]。激者[20]，謞者[21]，叱者，吸者，叫者，譹者[22]，宎者[23]，咬者[24]，前者唱于而隨者唱喁[25]。泠風則小和[26]，飄風則大和，厲風濟則眾竅爲虛[27]。而獨不見之調調之刁刁乎[28]？」子游曰：「地籟則眾竅是已[29]，人籟則比竹是已[30]，敢問天籟。」子綦曰：

「夫吹萬不同㉛，而使其自己也㉜，咸其自取㉝，怒者其誰邪㉞？」

【注釋】

❶南郭子綦：楚人，居住南郭，故名南郭子綦。舊說為楚莊王庶出的弟弟，做過楚莊王的司馬；疑為莊子中寓託的高士，而非歷史人物。隱：憑倚。机：亦作几，案几。❷噓：吐氣。❸荅焉：亦作「嗒焉」，離形去智的樣子。耦：匹對。莊子認為人是肉體和精神的對立統一體，「耦」在這裡即指與精神相對立的軀體。喪其耦，表示精神超脫軀體達到忘我的境界。❹顏成子游：子綦的學生，姓顏名偃，子游為字，死後謚成，故名顏成子游。❺居：表疑問的語氣詞。❻固：誠然。槁：乾枯。❼心：思想，精神。固：豈，難道。❽「今之隱机者」與「昔之隱机者」實指一人，即南郭子綦，意思是南郭子綦今日隱机入神出體與舊時大不一樣。❾偃：見注❹。❿而：你，人稱代詞。「不亦善乎，而問之也」乃是「爾問之不亦善乎」之倒置。⓫籟：簫，古代的一種管狀樂器，這裡泛指從孔穴裡發出的聲響。「人籟」即出自人為的聲響，與下兩句的「地籟」、「天籟」相對應，所謂「地籟」或「天籟」，即出自自然的聲響。⓬敢：表示謙敬的副詞，含有「冒昧地」。「斗膽地」的意思。方：道術，指所言「地籟」、「天籟」的真實含意。⓭大塊：大地。噫氣：吐氣。⓮是：此，這裡指風。唯：句中語氣詞，含有僅此的意思。作：興起。⓯竅：孔穴。呺：亦作「號」，吼叫。⓰翏翏：亦作飂飂，大風呼呼的聲響。⓱林：通作「陵」，大山。畏佳：亦作「峻佳」，即嵬崔，山陵高峻的樣子。⓲枅：柱頭橫木。⓳污：停滯不流的水塘。⓴激：水流湍急的聲音。㉑謞：這裡用來形容箭頭飛去的聲響。㉒譹：嚎哭聲。㉓宎：深而沉。㉔咬：鳥鳴叫的聲音。一說哀切聲。㉕于、喁：風吹樹動前後相和的聲音。㉖泠風：小風，清風。㉗厲風：迅猛的暴風。濟：止。㉘調調、刁刁：風吹草木晃動搖曳的樣子。「刁刁」亦作「刀刀」。㉙是：這樣。已：矣。㉚比：並合。竹：這裡指並合在一起可以發

出聲響的、不同形狀的竹管。㉛這句及以下是表述「天籟」的，故有人疑「夫」字之後缺「天籟者」三字。㉜使其自己：意思是使它們自身發出各種各樣的聲音。一說「己」當作「已」，是停止的意思，但聯繫上下文不宜從此解。㉝咸：全。㉞怒：這裡是發動的意思。

【譯 文】

南郭子綦靠著几案而坐，仰首向天緩緩地吐著氣，那離神去智的樣子眞好像精神脫出了軀體。他的學生顏成子游陪站在跟前說道：「這是怎麼啦？形體誠然可以使它像乾枯的樹木，精神和思想難道也可以使它像死灰那樣嗎？你今天憑几而坐，跟往昔憑几而坐的情景不大一樣呢。」子綦回答說：「偃，你這個問題不是問得很好嗎？今天我忘掉了自己，你知道嗎？你聽見過『人籟』卻沒有聽見過『地籟』，你即使聽見過『地籟』卻沒有聽見過『天籟』啊！」子游問：「我冒昧地請教它們的眞實含意。」子綦說：「大地吐出的氣，名字叫風。風不發作則已，一旦發作整個大地上數不清的竅孔都怒吼起來。你獨獨沒有聽過那呼呼的風聲嗎？山陵上陡峭崢嶸的各種去處，百圍大樹上無數的竅孔，有的像鼻子，有的像嘴巴，有的像耳朵，有的像圓柱上插入橫木的方孔，有的像圈圍的柵欄，有的像舂米的臼窩，有的像深池，有的像淺池。它們發出的聲音，像湍急的流水聲，像迅疾的箭鏃聲，像大聲的呵叱聲，像細細的呼吸聲，像放聲叫喊，像嚎啕大哭，像在山谷裡深沉回盪，像鳥兒鳴叫嘰喳，眞好像前面在嗚嗚唱導，後面在呼呼隨和。清風徐徐就有小小的和聲，長風呼呼便有大的反響，迅猛的暴風突然停歇，萬般竅穴也就寂然無聲。你難道不曾看見風兒過處萬物隨風搖曳晃動的樣子嗎？」子游說：「地籟是從萬種竅穴裡發出的風聲，人籟是從比並的各種不同的竹管裡發出的聲音。我再冒昧地向你請教什麼是天籟。」子綦說：「天籟雖然有萬般不同，但使它們發生和停息的都是出於自身，發動者還有誰呢？」

大知閑閑[1]，小知閒閒[2]；大言炎炎[3]，小言詹詹[4]。其寐也魂交[5]，其覺也形開[6]；與接爲搆[7]，日以心鬥：縵者[8]，窖者[9]，密者[10]。小恐惴惴[11]，大恐縵縵[12]。其發若機栝[13]，其司是非之謂也[14]；其留如詛盟[15]，其守勝之謂也。其殺若秋冬[16]，以言其日消也；其溺之所爲之[17]，不可使復之也；其厭也如緘[18]，以言其老洫也[19]；近死之心，莫使復陽也[20]。喜怒哀樂，慮嘆變慹[21]，姚佚啓態[22]。樂出虛[23]，蒸成菌[24]。日夜相代乎前[25]，而莫知其所萌[26]。已乎[27]，已乎！旦暮得此[28]，其所由以生乎[29]！

非彼無我[30]，非我無所取[31]。是亦近矣[32]，而不知其所爲使[33]。若有眞宰[34]，而特不得其眹[35]，可行已信，而不見其形，有情而無形[36]。百骸[37]、九竅[38]、六藏[39]，賅而存焉[40]，吾誰與爲親[41]？汝皆說之乎[42]？其有私焉[43]？如是皆有爲臣妾乎？其臣妾不足以相治乎？其遞相爲君臣乎？其有眞君存焉㊹？如求得其情與不得㊺，無益損乎其眞。一受其成形㊻，不亡以待盡㊼。與物相刃相靡㊽，其行盡如馳㊾，而莫之能止，不亦悲乎！終身役役而不見其成功㊿，苶然疲役而不知其所歸(51)，可不哀邪！人謂之不死，奚益！其形化，其心與之然，可不謂大哀乎？人之生也，固若是芒乎(52)？其我獨芒，而人亦有不芒者乎？

夫隨其成心而師之(53)，誰獨且無師乎？奚必知代而心自取者有之(54)？愚者與有焉。未成乎心而有是非，是今日適越而昔至也(55)。是以無有爲有。無有爲有，雖有神禹且不能知(56)，吾獨且奈何哉！

【注釋】

❶閑閑：廣博豁達的樣子。❷閒閒：「閒」是「間」的古體，今簡作「間」，「閒閒」即間間，明察細別的樣子。❸炎炎：猛烈，這裡借猛火炎燎之勢，比喻說話時氣焰盛人。❹詹詹：言語瑣細，說個沒完。❺寐：睡眠。魂交：心靈馳躁，神魂交接。❻覺：睡醒。形

開：身形開朗，目開意悟。一說形體不寧。❼接：接觸，這裡指與外界環境接觸。搆：「構」字的異體，交合的意思。❽縵：通作「慢」，疏怠遲緩的意思。❾窖：深沉，用心不可捉摸。❿密：隱秘、謹嚴。⓫惴惴：恐懼不安的樣子。⓬縵縵：神情沮喪的樣子。⓭機：弩機，弩上的發射部位。栝：箭桿末端扣弦部位。⓮司：主。「司是非」猶言主宰是非，意思是「是」與「非」都由此產生。一說「司」通「伺」，窺伺人之是非的意思。⓯留：守住，指留存內心，與上句的「發」相對應。詛盟：誓約，結盟時的誓言，堅守不渝。⓰殺：肅殺，衰敗。⓱溺：沉湎。「之」疑講作「於」。⓲厭：通作「壓」，閉塞的意思。緘：繩索，這裡是用繩索加以束縛的意思。⓳洫：敗壞。⓴復陽：復生，恢復生機。㉑慮：憂慮。嘆：感嘆。變：反復。慹：通作「懾」，恐懼的意思。㉒姚：輕浮躁動。佚：奢華放縱。啓：這裡指放縱情欲而不知收斂。態：這裡是故作姿態的意思。㉓樂：樂聲。虛：中空的情態，用管狀樂器中空的特點代指樂器本身。㉔蒸成菌：在暑熱潮濕的條件下蒸騰而生各種菌類。㉕相代：相互對應地更換與替代。㉖萌：萌發、產生。㉗已：止，算了。㉘旦暮：晝夜，這裡表示時間很短。此：指上述對立、對應的各種情態形成發生的道理，猶如樂出於虛，菌出於氣，一切都形成於「虛」、「無」。㉙由：從，自。所由：產生的原由。㉚「彼」就字面上講指「我」的對立面，也可以理解爲非我的大自然，甚至包括上述各種情態。㉛取：資證，呈現。㉜近：彼此接近，引申一步，像前兩句話（「非彼無我，非我無所取」）那樣的認識和處理，就接近於事物的本質，接近於認識事物的眞理。㉝所爲使：爲……所驅使。㉞宰：主宰。「眞宰」，猶如今日言「造世主」，但也可理解爲眞我，即我身的主宰。㉟特：但，只。眼：端倪、徵兆。㊱眹：眞，指事實上的存在。㊲百：概數，言其多，非確指。骸：骨節。㊳九竅：人體上九個可以向外張開的孔穴，指雙眼、雙耳、雙鼻孔、口、生殖器、肛門。㊴藏：內臟，這個意義後代寫作「臟」。心、肺、肝、脾、腎俗稱五臟，但也有把左右兩腎分別稱謂的，這就成了「六臟」。㊵賅：齊備。㊶誰與：與誰。㊷說：喜悅，這個意義後代寫作「悅」。㊸私：偏私，偏愛。㊹

眞君：對待「我」來說，「眞君」即「眞我」、「眞心」，對待社會的各種情態說，「眞君」就是「眞宰」。㊺情：究竟，眞實情況。㊻一：一旦。㊼亡：亦作「忘」，忘記。一說「亡」爲「代」字之訛，變化的意思。盡：耗竭、消亡。㊽刃：刀口，這裡喻指針鋒相對的對立面。靡：倒下，這裡是順應的意思。㊾馳：迅疾奔跑。㊿役役：相當於「役於役」。意思是爲役使之物所役使。一說勞苦不休的樣子。(51)茶然：疲倦困頓的樣子。疲役：猶言疲於役，爲役使所疲頓。(52)芒：通作「茫」，迷昧無知。(53)成心：業已形成的偏執之見。(54)代：更改，變化。「知代」意思是懂得變化更替的道理。取：資證、取信的意思。(55)這句是比喻，說明沒有成見就已經出現是非觀念。(56)神禹：神明的夏禹。

【譯文】

才智超群的人廣博豁達，只有點小聰明的人則樂於細察、斤斤計較；合於大道的言論就像猛火烈焰一樣氣焰凌人，拘於智巧的言論則瑣細無方、沒完沒了。他們睡眠時神魂交構，醒來後身形開朗；跟外界交接相應，整日裡勾心鬥角。有的疏怠遲緩，有的高深莫測，有的辭愼語謹。小的懼怕惴惴不安，大的驚恐失魂落魄。他們說話就好像利箭發自弩機快疾而又尖刻，那就是說是與非都由此而產生；他們將心思存留心底就好像盟約誓言堅守不渝，那就是說持守胸意坐待勝機。他們衰敗猶如秋冬的草木，這說明他們日益消毀；他們沉緬於所從事的各種事情，致使他們不可能再恢復到原有的情狀；他們心靈閉塞好像被繩索縛住，這說明他們衰老頹敗，沒法使他們恢復生氣。他們欣喜、憤怒、悲哀、歡樂，他們憂思、嘆惋、反覆、恐懼，他們躁動輕浮、奢華放縱、情張欲狂、造姿作態。好像樂聲從中空的樂管中發出，又像菌類由地氣蒸騰而成。這種種情態日夜在面前相互對應地更換與替代，卻不知道是怎麼萌生的。算了吧，算了吧！一旦懂得這一切發生的道理，不就明白了這種種情態發生、形成的原因？

沒有我的對應面就沒有我本身，沒有我本身就沒法呈現我的對應面。這樣的認識也就接近於事物的本質，然而卻不知道這一切受什麼所驅使。彷彿有「眞宰」，卻又尋不到它的端倪。可以去實踐並得到驗證，然而卻看不見它的形體，眞實的存在而又沒有反映它的具體形態。

眾多的骨節，眼耳口鼻等九個孔竅和心肺肝腎等六臟，全都齊備地存在於我的身體，我跟它們哪一部分最爲親近呢？你對它們都同樣喜歡嗎？還是對其中某一部分格外偏愛呢？這樣，每一部分都只會成爲臣妾似的僕屬嗎？難道臣妾似的僕屬就不足以相互支配了嗎？還是輪流做爲君臣呢？難道又果眞有什麼「眞君」存在其間？無論尋求到它的究竟與否，那都不會對它的眞實存在有什麼增益損壞。人一旦稟承天地之氣而形成形體，就不能忘掉自身而等待最後的消亡。他們跟外界環境或相互對立、或相互順應，他們的行動全都像快馬奔馳，沒有什麼力量能使他們止步，這不是很可悲嗎！他們終身承受役使卻看不到自己的成功，一輩子困頓疲勞卻不知道自己的歸宿，這能不悲哀嗎！人們說這種人不會死亡，這又有什麼益處！人的形骸逐漸衰竭，人的精神和感情也跟著一塊兒衰竭，這能不算是最大的悲哀嗎？人生在世，本來就像這樣迷昧無知嗎？難道只有我才這麼迷昧無知，而世人也有不迷昧無知的嗎？

追隨業已形成的偏執己見並把它當作老師，那麼誰會沒有老師呢？爲什麼必須通曉事物的更替並從自己的精神世界裡找到資證的人才有老師呢？愚昧的人也會跟他們一樣有老師哩。還沒有在思想上形成定見就有是與非的觀念，這就像今天到越國去而昨天就已經到達。這就是把沒有當作有。沒有就是有，即使聖明的大禹尚且不可能通曉其中的奧妙，我偏偏又能怎麼樣呢！

夫言非吹也❶。言者有言，其所言者特未定也❷。果有言邪？其未嘗有言邪？其以爲異於鷇音❸，亦有辯乎❹？其無辯乎？道惡乎隱而有眞僞？言惡乎隱而有是非❺？道惡乎往而不存？言惡乎存而不可？道隱於小成❻，言隱於榮華❼。故有儒墨之是非❽，以是其所非而非其所是。欲是其所非而非其所是，則莫若以明❾。

物無非彼，物無非是。自彼則不見，自知則知之❿。故曰：彼出於是，是亦因彼。彼是，方生之說也⓫。雖然，方生方死，方死方生；方可方不可，方不可方可⓬；因是因非，因非因是⓭。是以聖人不由而照之於天⓮，亦因是⓯也。是亦彼也，彼亦是也。彼亦一是非，此亦一是非⓰。果且有彼是乎哉？果且無彼是乎哉⓱？彼是莫得其偶⓲，謂之道樞⓳。樞始得其環中⓴，以應無窮㉑。是亦一無窮，非亦一無窮也。故曰莫若以明。以指喻指之非指，不若以非指喻指之非指也㉒；以馬喻馬之非馬㉓，不若以非馬喻馬之非馬也。天地一指也，萬物一馬也。

可乎可，不可乎不可。道行之而成，物謂之而然㉔。惡乎然？然於然。惡乎不然？不然於不然㉕。惡乎可？可於可。惡乎不可？不可於不可㉖。物固有所然，物固有所可；無物不然，無物不可。故爲是舉莛與楹㉗、厲與西施㉘。恢恑憰怪㉙，道通爲一㉚。其分也㉛，成也㉜；其成也，毀也㉝。凡物無成與毀，復通爲一。唯達者知通爲一㉞，爲是不用而寓諸庸㉟。庸也者，用也㊱；用也者，通也；通也者，得也㊲；適得而幾矣㊳。因是已㊴，已而不知其然㊵，謂之道。勞神明爲一而不知其同也㊶，謂之朝三㊷。何謂朝三？狙公賦芧曰㊸：「朝三而暮四」。衆狙皆怒。

曰：「然則朝四而暮三」。眾狙皆悅。名實未虧而喜怒爲用[44]，亦因是也。是以聖人和之以是非而休乎天鈞[45]，是之謂兩行[46]。

古之人，其知有所至矣。惡乎至[47]？有以爲未始有物者，至矣，盡矣，不可以加矣。其次以爲有物矣，而未始有封也[48]。其次以爲有封焉，而未始有是非也。是非之彰也，道之所以虧也。道之所以虧，愛之所以成[49]。果且有成與虧乎哉？果且無成與虧乎哉？有成與虧，故昭氏之鼓琴也[50]。無成與虧，故昭氏之不鼓琴也。昭文之鼓琴也，師曠之枝策也[51]，惠子之據梧也[52]，三子之知幾乎[53]！皆其盛者也，故載之末年[54]。唯其好之也[55]，以異於彼；其好之也，欲以明之[56]。彼非所明而明之，故以堅白之昧終[57]。而其子又以文之綸終[58]，終身無成。若是而可謂成乎？雖我亦成也[59]。若是而不可謂成乎？物與我無成也。是故滑疑之耀⑥⓪，聖人之所圖也⑥①。爲是不用而寓諸庸，此之謂以明。

【注釋】

❶吹：風吹。根據本段大意看，「言」似有所指，不宜看作一般所謂的說話、言談，而指「辯論」；下句的「言者」則當指善辯的人。辯言之是非出於己見，而風吹出於自然，所以說「言非吹」。❷特：但，只。❸鷇音：剛剛破卵而出的鳥的叫聲。❹辯：通作「辨」，分辨、區別。❺惡：何，怎麼。隱：隱秘，藏匿。❻成：成就。「小成」這裡指一時的、局部的成功。❼榮華：木草之花，這裡喻指華麗的詞藻。❽儒墨：儒家和墨家，戰國時期兩個政治和哲學流派。❾莫若以明：傳統的解釋爲「莫如即以本然之明照之」，意思是「不如用其自然加以觀察」。姑存此說。❿「自知」疑爲「自是」之誤，與上句之「自彼」互文；若按「自知」講，語義亦不通達。⓫方生：並存。一說「方」通作「旁」，依的意思。⓬方：始，隨即。⓭因：遵循，依託。⓮由：自，經過。一說用，「不由」就是不用。照：觀察。天：這裡指事物的自然，即本然。⓯因：順著。⓰一：同一，同樣。⓱果：果眞。⓲偶：對，對立面。⓳樞：樞要。道樞：大道的關鍵之處；莊子認爲，彼和此是事物對立的兩個方面，如果彼和此都失去了相對立的一面，那麼這就是道的樞要，即齊物以至齊論的關鍵。一切都出自虛無，一切都歸於虛無，還有不「齊物」和「齊論」的嗎？⓴環中：環的中心；「得其環中」喻指抓住要害。㉑應：適應，順應。窮：盡。㉒指：不宜講作手指之指，戰國名家學派公孫龍子著《指物論》，這裡應是針對該篇內容而言，所謂「指」，即組成事物的要素。聯繫下一句，事物的要素並非事物本身，而事物的要素只有在事物內才有它的存在，故有「指之非指」的說法。喻：說明。㉓馬：跟上句的「指」一樣，同是

當時論辯的主要論題。名家公孫龍子就曾作〈白馬篇〉，闡述了「白馬非馬」的觀點。㉔謂：稱謂，稱呼。然：這樣。㉕然：對的、正確的。㉖以上十二句歷來認爲有錯簡或脫落現象，句子序列暫取較通行的校勘意見。㉗莛：草莖。楹：廳堂前的木柱。「莛」、「楹」對文，代替物之細小者和巨大者。㉘厲：通作「癘」，指皮膚潰爛，這裡用表醜陋的人。西施：吳王的美姬，古代著名的美人。㉙恢：寬大。恑：奇變。憰：詭詐。怪：怪異。恢恑憰怪四字連在一起，概指千奇百怪的各種事態。㉚一：渾一，一體。聯繫上文，莊子認爲世上一切小與大、醜與美、千差萬別的各種情態或各種事物，都是相通而又處在對立統一體內，從這一觀點出發，世上一切事物就不會不「齊」，不會不具有某種共同性。㉛分：分開、分解。㉜成：生成、形成。「成」和「分」也是相對立的，一個事物被分解了，這就意味生成一新的事物。㉝毀：毀滅，指失去了原有的狀態。「毀」與「成」也是相對立的，一個新事物通過分解而生成了，這就意味原事物的本有狀態必定走向毀滅。㉞達：通達，「達者」這裡指通曉事理的人。㉟爲是不用：爲了這個緣故不用固執己見；「不用」之後有所省略，即一定把物「分」而「成」的觀點，也就是不「齊」的觀點。寓：寄託。諸：講作「之於」。庸：指平常之理。一說講作「用」，含有功用的意思。㊱以下四句至「適得而幾矣」，有人認爲是衍文，是前人作注的語言，並非莊子的原文。姑備一說。㊲得：中，合乎常理的意思。一說自得。㊳適：恰。幾：接近。㊴因：順應。是：此，這裡指上述「爲一」的觀點，即物之本然而不要去加以分別的觀點。㊵已：這裡是一種特殊的省略，實指前面整個一句話，「已」當講作「因是已」。㊶勞：操勞、耗費。神明：心思，指精神和才智。爲一：了解、認識事物渾然一體、不可分割的道理。言外之意，事物本來就是渾然一體，並不需要去辨求。同：具有同一的性狀和特點。㊷朝三：「朝三」、「暮四」的故事〈列子·黃帝篇〉亦有記載。朝是早晨，暮是夜晚，三和四表示數量，即三升、四升。「朝三」、「暮四」或者「朝四」、「暮三」，其總和皆爲「七」，這裡借此譬喻名雖不一，實卻無損，總都歸結爲「一」。㊸狙：猴子。狙公：養猴子的人。賦：給予。芧：橡子。㊹虧：虧損。

爲用：爲之所用，意思是喜怒因此而有所變化。㊺和：調和、混用。「和之以是非」即「以是非和之」，把是和非混同起來。休：本指休息，這裡含有優遊自得地生活的意思。鈞：通作「均」；「天鈞」即自然而又均衡。㊻兩行：物與我，即自然界與自我的精神世界都能各得其所，自行發展。㊼至：造極，最高的境界。㊽封：疆界、界線。㊾以：原本作「之」據文義改。㊿昭氏：即昭文，以善於彈琴著稱。莊子認爲，音本是一個整體，沒有高低長短之分就無法演奏，任何高明的琴師都不可能同時並奏各種各樣的聲音。正因爲分出音的高低長短才能在琴弦上演奏出來。(51)師曠：晉平公時的著名樂師。枝策：用如動詞，用枝或策叩擊拍節，猶如今天的打拍子。一說舉杖擊節。(52)惠子：惠施，古代名家學派的著名人物。據：依；梧：樹名。惠施善辯，「據梧」意思就是靠著梧桐樹高談闊論。一說「梧」當講作桐木几案，「據梧」則是靠著几案的意思。(53)幾：盡，意思是達到了頂點。(54)載：記載；一說載譽。末年，晚年。(55)好：喜好；「好之」意思是各自喜好自己的專長和學識。(56)明：明白、表露。(57)堅白：指石的顏色白而質地堅，但「白」和「堅」都獨立於「石」之外。公孫龍子曾有「堅白論」之說，莊子是極不贊成的。味：迷昧。(58)其子：指昭文之子。一說指惠施之子。綸：緒，這裡指繼承昭文的事業。(59)這句語意有所隱含，意思是「雖我無成亦成也」，即如果上述情況都叫有所成就的話，即使是我沒有什麼成就也可說有了成就了。(60)滑疑：紛亂的樣子，這裡指各種迷亂人心的辯說。(61)圖：亦寫作「圖」，疑爲「鄙」字之誤，瞧不起，摒棄的意思。

【譯　文】

說話辯論並不像是吹風。善辯的人辯論紛紜，他們所說的話也不曾有過定論。果眞說了些什麼嗎？還是不曾說過些什麼呢？他們都認爲自己的言談不同於雛鳥的鳴叫，眞有區別，還是沒有什麼區別呢？

大道是怎麼隱匿起來而有了眞和假呢？言論是怎麼隱匿起來而有了是與非呢？大道怎麼會出現而又不復存在？言論又怎麼存在而又不宜認可？大道被小小的成功所隱蔽，言論被浮華的詞藻所掩蓋。所以就有了儒家和墨家的是非之辯，肯定對方所否定的東西而否定對方所肯定的東西。想要肯定對方所否定的東西而非難對方所肯定的東西，那麼不如用事物的本然去加以觀察而求得明鑒。

各種事物無不存在它自身對立的那一面，各種事物也無不存在它自身對立的這一面。從事物相對立的那一面看便看不見這一面，從事物相對立的這一面看就能有所認識和了解。所以說：事物的那一面出自事物的這一面，事物的這一面亦起因於事物的那一面。事物對立的兩個方面是相互並存、相互依賴的。雖然這樣，剛剛產生隨即便是死亡，剛剛死亡隨即便會復生；剛剛肯定隨即就是否定，剛剛否定隨即又予以肯定；依託正確的一面同時也就遵循了謬誤的一面，依託謬誤的一面同時也就遵循了正確的一面。因此聖人不走劃分正誤是非的道路而是觀察比照事物的本然，也就是順著事物自身的情態。事物的這一面也就是事物的那一面，事物的那一面也就是事物的這一面。事物的那一面同樣存在是與非，事物的這一面也同樣存在正與誤。事物果眞存在於彼此兩個方面嗎？事物果眞不存在彼此兩個方面的區分嗎？彼此兩個方面都沒有其對立的一面，這就是大道的樞紐。抓住了大道的樞紐也就抓住了事物的要害，從而順應事物無窮無盡的變化。「是」是無窮的，「非」也是無窮的。所以說不如用事物的本然來加以觀察和認識。

用組成事物的要素來說明要素不是事物本身，不如用非事物的要素來說明事物的要素並非事物本身；用白馬來說明白馬不是馬，不如用非馬來說明白馬不是馬。整個自然界不論存在多少要素，但作爲要素而言卻是一樣的，各種事物不論存在多少具體物象，但作爲具體物象而言也都是一樣的。

能認可嗎？一定有可以加以肯定的東西方才可以認可；不可以認可嗎？一定也有

不可以加以肯定的東西方才不能認可。道路是行走而成的，事物是人們稱謂而就的。怎樣才算是正確呢？正確在於其本身就是正確的。怎樣才算是不正確的呢？不正確的在於其本身就是不正確的。怎樣才能認可呢？能認可在於其自身就是能認可的。怎樣才不能認可呢？不能認可在於其本身就是不能認可的。事物原本就有正確的一面，事物原本就有能認可的一面，沒有什麼事物不存在正確的一面，也沒有什麼事物不存在能認可的一面。所以可以列舉細小的草莖和高大的庭柱，醜陋的癩頭和美麗的西施，寬大、奇變、詭詐、怪異等千奇百怪的各種事態來說明這一點，從「道」的觀點看它們都是相通而渾一的。舊事物的分解，亦即新事物的形成，新事物的形成亦即舊事物的毀滅。所有事物並無形成與毀滅的區別，還是相通而渾一的特點。只有通達的人方才知曉事物相通而渾一的道理，因此不用固執地對事物作出這樣那樣的解釋，而應把自己的觀點寄託於平常的事理之中。所謂平庸的事理就是無用而有用；認識事物無用就是有用，這就算是通達；通達的人才是眞正了解事物常理的人；恰如其分地了解事物常理也就接近於大道。順應事物相通而渾一的本來狀態吧，這樣還不能了解它的究竟，這就叫做「道」。耗費心思方才能認識事物渾然爲一而不知事物本身就具有同一的性狀和特點，這就叫「朝三」。什麼叫做「朝三」呢？養猴人給猴子分橡子，說：「早上分給三升，晚上分給四升」。猴子們聽了非常憤怒。養猴人便改口說：「那麼就早上四升晚上三升吧」。猴子們聽了都高興起來。名義和實際都沒有虧損，喜與怒卻各爲所用而有了變化，也就是因爲這樣的道理。因此，古代聖人把是與非混同起來，優遊自得地生活在自然而又均衡的境界裡，這就叫物與我各得其所，自行發展。

古時候的人，他們的智慧達到了最高的境界。如何才能達到最高的境界呢？那時有人認爲，整個宇宙從一開始就不存在什麼具體的事物，這樣的認識是最了不起，最盡善盡美，而無以復加了。其次，認爲宇宙之始是存在事物的，可是萬事萬物從不曾有過區分和界線。再其次，認爲萬事萬物雖有這樣那樣的區別，但是卻從不曾有過是與非的不同。是與非的顯露，對於宇宙萬物的理解也就因此出現虧損和缺陷，理解上出現虧損與缺陷，偏私的觀念也就因此形成。果眞有形成與虧缺嗎？果眞沒有形成與虧缺嗎？事物有了形成與虧缺，所以昭文才能夠彈琴奏樂。沒有形成和虧缺，昭文就不再能夠彈琴奏樂。昭文善於彈琴，師曠精於樂律，惠施樂於靠著梧桐樹高談闊論，這三位先生的才智可說是登峰造極了！他們都享有盛譽，所以他們的事跡得到記載並流傳下來。他們都愛好自己的學問與技藝，因而跟別人大不一樣；正因爲愛好自己的學問和技藝，所以總希望能夠表現出來。而他們將那些不該彰明的東西彰明於世，因而最終以石之色白與質堅均獨立於石頭之外的迷昧而告終；而昭文的兒子也繼承其父親的事業，終生沒有什麼作爲。像這樣就可以稱作成功嗎？那即使是我雖無成就也可說是成功了。像這樣便不可以稱作成功嗎？外界事物和我本身就都沒有成功。因此，各種迷亂人心的巧說辯言的炫耀，都是聖哲之人所鄙夷、摒棄的。所以說，各種無用均寄託於有用之中，這才是用事物的本然觀察事物而求得眞實的理解。

今且有言於此，不知其與是類乎？其與是不類乎？類與不類，相與爲類❶，則與彼無以異矣。雖然，請嘗言之❷。有始也者，有未始有始也者，有未始有夫未始有始也者。有有也者，有無也者，有未始有無也者，有未始有夫未始有無也者。俄而有無矣❸，而未知有無之果孰有孰無也。今我則已有謂矣❹，而未知吾所謂之其果有謂乎，其果無謂乎？天下莫大於秋豪之末❺，而大山爲小❻；莫壽於殤子❼，而彭祖爲夭❽。天地與我並生，而萬物與我爲一。既已爲一矣，且得有言乎？既已謂之一矣，且得無言乎？一與言爲二，二與一爲三。自此以往，巧曆不能得❾，而況其凡乎❿！故自無適有以至於三⓫，而況自有適有乎！無適焉，因是已⓬。

夫道未始有封⓭，言未始有常⓮，爲是而有畛也⓯。請言其畛：有左有右，有倫有義⓰，有分有辯，有競有爭，此之謂八德⓱；六合之外⓲，聖人存而不論；六合之內，聖人論而不議⓳。春秋經世先王之志⓴，聖人議而不辯。故分也者，有不分也；辯也者，有不辯也。曰：何也？聖人懷之㉑，衆人辯之以相示也㉒。

故曰辯也者有不見也。夫大道不稱㉓，大辯不言，大仁不仁，大廉不嗛㉔，大勇不忮㉕。道昭而不道㉖，言辯而不及㉗，仁常而不成，廉清而不信，勇忮而不成。五者圓而幾向方矣㉘。故知止其所不知，至矣。孰知不言之辯、不道之道？若有能知，此之謂天府㉙。注焉而不滿㉚，酌焉而不竭㉛，而不知其所由來，此之謂葆光㉜。

【注釋】

❶類：同類、相同。❷嘗：試。❸俄而：突然。❹謂：評說、議論。以下幾句同此解。❺於：比。豪：通作「毫」，細毛。末：末稍。秋毫之末比喻事物的細小。❻大山：一說讀如泰山。❼殤子：未成年而死的人。❽夭：夭折，短命。❾歷：歷數，計算。❿凡：平凡，這裡指普通的人。⓫適：往，到。⓬因：順應。已：矣。⓭封：界線，分別。⓮常：定見，定論。⓯是：對的，正確的：「爲是」，意思是各自認爲自己是正確的。畛：田地裡的界路，這裡泛指事物、事理間的界線和區分。⓰倫：次序。義：儀，等別。一說本句當作「有論有議」，姑備參考。⓱八德：八類、八種。⓲六合：天、地和東、西、南、北四方。⓳論：研究。議：評說。⓴春秋：這裡泛指古代歷史，並非指戰國以前的那一段歷史年代。經世：經綸世事，這是用調理織物來喻指治理社會。志：記載；這個意義後代寫作「誌」。㉑懷：囊括於胸，指不去分辨物我和是非，把物與我、是

與非都容藏於身。㉒示：顯示，這裡含有誇耀於外的意思。㉓稱：舉稱。一說通作「偁」，宣揚的意思。㉔嗛：通「謙」，謙遜。㉕忮：傷害。㉖昭：明，這裡指明白無誤地完全表露出來。㉗不及：達不到，這裡指言論表達不到的地方。㉘圓：這裡作做圓、求圓解。幾：近，近似。「圓而幾向方」，意思是求圓卻近似於方，比喻事與願違。㉙府：儲存財物的地方。天府，指自然生成的府庫，也就是整個宇宙。㉚注：注入。焉：講作「於之」。㉛酌：舀取。竭：盡。㉜葆：藏，隱蔽。「葆光」即潛隱光亮而不露。

【譯文】

現在暫且在這裡說一番話，不知道這些話跟其他人的談論是相同的呢，還是不相同的呢？相同的言論與不相同的言論，既然相互間都是言談議論，從這一意義說，不管其內容如何也就是同類的了。雖然這樣，還是請讓我試著把這一問題說一說。宇宙萬物有它的開始，同樣有它未曾開始的開始，還有它未曾開始的未曾開始的開始。宇宙之初有過這樣那樣的「有」，但也有個「無」，還有個未曾有過的「無」，同樣也有個未曾有過的未曾有過的「無」。突然間生出了「有」和「無」，卻不知道「有」與「無」誰是眞正的「有」、誰是眞正的「無」。現在我已經說了這些言論和看法，但卻不知道我聽說的言論和看法是我果眞說過的言論和看法呢，還是果眞沒有說過的言論和看法呢？天下沒有什麼比秋毫的末端更大，而泰山算是最小；世上沒有什麼人比夭折的孩子更長壽，而傳說中年壽最長的彭祖卻是短命的。天地與我共生，萬物與我爲一體。既然已經渾然爲一體，還能夠有什麼議論和看法？既然已經稱作一體，又還能夠沒有什麼議論和看法？客觀存在的一體加上我的議論和看法就成了「二」，「二」如果再加上一個「一」就成了「三」，以此類推，最精明的計算也不可能求得最後的數字，何況大家都是凡夫俗子！所以，從無到有乃至推到「三」，又何況從「有」推演到

「有」呢？沒有必要這樣地推演下去，還是順應事物的本然吧。

所謂眞理從不曾有過界線，言論也不曾有過定準，只因爲各自認爲只有自己的觀點和看法才是正確的，這才有了這樣那樣的界線和區別。請讓我談談那些界線和區別：有左有右，有序列有等別，有分解有辯駁，有競比有相爭，這就是所謂八類。天地四方宇宙之外的事，聖人總是存而不論；宇宙之內的事，聖人雖然細加研究，卻不隨意評說。至於古代歷史上善於治理社會的前代君王們的記載，聖人雖然有所評說卻不爭辯。可知有分別就因爲存在不能分別，有爭辯也就因爲存在不能辯駁。有人會說，這是爲什麼呢？聖人把事物都囊括於胸、容藏於己，而一般人則爭辯不休誇耀於外。所以說，大凡爭辯，總因爲有自己所看不見的一面。

至高無尚的眞理是不必稱揚的，最了不起的辯說是不必言說的，最具仁愛的人是不必向人表示仁愛的，最廉潔方正的人是不必表示謙讓的，最勇敢的人是從不傷害他人的。眞理完全表露於外那就不算是眞理，逞言肆辯總有表達不到的地方，仁愛之心經常流露反而成就不了仁愛，廉潔到清白的極點反而不太眞實，勇敢到隨處傷人也就不能成爲眞正勇敢的人。這五種情況就好像著意求圓卻幾近成方一樣。因此懂得停止於自己所不知曉的境域，那就是絕頂的明智。誰能眞正通曉不用言語的辯駁、不用稱說的道理呢？假如有誰能夠知道，這就是所說的自然生成的府庫。無論注入多少東西，它不會滿盈，無論取出多少東西，它也不會枯竭，而且也不知這些東西出自哪裡，這就叫做潛藏不露的光亮。

故昔者堯問於舜曰：「我欲伐宗、膾、胥敖❶，南面而不釋然❷，其故何也？」舜曰：「夫三子者❸，猶存乎蓬艾之間❹。若不釋然❺，何哉？昔者十日並出❻，萬物皆照，而況德之進乎日者乎❼！」

齧缺問乎王倪曰❽：「子知物之所同是乎❾？」曰：「吾惡乎知之！」「子知子之所不知邪？」曰：「吾惡乎知之！」「然則物無知邪？」曰：「吾惡乎知之！雖然，嘗試言之。庸詎知吾所謂知之非不知邪？庸詎知吾所謂不知之非知邪❿？且吾嘗試問乎女⓫：民濕寢則腰疾偏死⓬，鰌然乎哉⓭？木處則惴慄恂懼⓮，猨猴然乎哉⓯？三者孰知正處？民食芻豢⓰，麋鹿食薦⓱，蝍蛆甘帶⓲，鴟鴉耆鼠⓳，四者孰知正味？猨猵狙以爲雌⓴，麋與鹿交，鰌與魚游㉑。毛嬙麗姬㉒，人之所美也，魚見之深入，鳥見之高飛，麋鹿見之決驟㉓。四者孰知天下之正色哉？自我觀之，仁義之端㉔，是非之塗㉕，樊然殽亂㉖，吾惡能知其辯㉗！」

齧缺曰：「子不知利害，則至人固不知利害乎㉘？」王倪曰：「至人神矣㉙！大澤焚而不能熱㉚，河漢沍而不能寒㉛，疾雷破山飄風振海而不能驚㉜。若然者，乘雲氣，騎日月，而遊乎四海之外。死生無變於己㉝，而況利害之端乎！」

【注釋】

❶宗、膾、胥敖：三個小國國名。❷南面：君主臨朝，古代帝王上朝理事總坐北朝南。釋然：不耿介於懷的樣子。一說「釋」通作「懌」，喜悅的意思。❸三子者：指上述三國的國君。❹蓬艾：兩種草名。「存乎蓬艾之間」比喻國微君卑，不足與之計較。❺若：你。❻十日並出：指古代寓言中十個太陽一併出來的故事，莊子借此比喻陽光普照到每一個地方。❼進：進了一步，具有超過、勝過的意思。❽齧缺、王倪：傳說中的古代賢人，實爲莊子寓言故事中虛擬的人物。❾所同是：意思是相互間共同的地方。❿庸詎：怎麼、哪裡。⓫女：汝，你。⓬濕寢：在潮濕的地方寢臥。偏死：偏癱，即半身不遂。⓭鰌：「鰍」字的異體，即泥鰍。⓮木處：在高高的樹木上居住。惴、慄、恂、懼：四字都是恐懼、懼怕的意思。⓯猨：「猿」字的異體，「猨猴」即「猿猴」。⓰芻：草。豢：養。「芻豢」，用草餵養，這裡代指家畜、牲口。⓱麋：一種食草的珍貴獸類，與鹿同科。薦：美草。⓲蝍蛆：蜈蚣。甘：甜美，嗜好，這裡作動詞。帶：小蛇。「甘帶」意思是以小蛇爲美食。⓳鴟：貓頭鷹。耆：亦寫作「嗜」，嗜好。⓴猵狙：一種類似猿猴的動物。「猨猵狙以爲雌」，即「猿以狙猵爲雌」。舊注猵狙喜與雌猿交配，「以猿爲雌」，但與句法不合，姑備參考。㉑游：戲游，即交尾。㉒毛嬙、麗姬：古代著名的美人。㉓決：通作「翅」，

迅疾的樣子。騶：快速奔跑。㉔端：端緒。㉕塗：通作「途」，道路，途徑。㉖樊然：雜亂的樣子。殽：這裡講作「淆」，混雜的意思。㉗辯：通作辨，分別、區分的意思。㉘至人：這裡指能夠達到忘我境界的、道德修養極高的人。㉙神：神妙不測。㉚澤：聚水的窪地。澤地水源充足，林木灌叢生長茂密。㉛沍：河水凍結。㉜根據前兩句的句式結構分析，這一句似應分別成兩個七字句，故有人認爲此處有脫落，疑爲「疾雷破山不能傷，飄風振海不能驚」，姑備參考。㉝無變於己：意思是對於他自己全無變化。

【譯　文】

從前堯曾向舜問道：「我想征伐宗、膾、胥敖三個小國，每當上朝理事總是心緒不寧，是什麼原因呢？」舜回答說：「那三個小國的國君，就像生存於蓬蒿艾草之中。你總是耿耿於懷心神不寧，爲什麼呢？過去十個太陽一塊兒升起，萬物都在陽光普照之下，何況你崇高的德行又遠遠超過了太陽的光亮呢！」

齧缺問王倪：「你知道各種事物相互間總有共同的地方嗎？」王倪說：「我怎麼知道呢！」齧缺又問：「你知道你所不知道的東西嗎？」王倪回答說：「我怎麼知道呢！」齧缺接著又問：「那麼各種事物便都無法知道了嗎？」王倪回答：「我怎麼知道呢？雖然這樣，我還是試著來回答你的問題。你怎麼知道我所說的知道不是不知道呢？你又怎麼知道我所說的不知道不是知道呢？我還是先問一問你：人們睡在潮濕的地方就會腰部患病甚至釀成半身不遂，泥鰍也會這樣嗎？人們住在高高的樹木上就會心驚膽戰、惶恐不安，猿猴也會這樣嗎？人、泥鰍、猿猴三者究竟誰最懂得居處的標準呢？人以牲畜的肉爲食物，麋鹿食草芥，蜈蚣嗜吃小蛇，貓頭鷹和烏鴉則愛吃老鼠，人、麋鹿、蜈蚣、貓頭鷹和烏鴉這四類動物究竟誰才懂得眞正的美味？猿猴把猵狙當作配偶，麋喜歡與鹿交配，泥鰍則與魚交尾。毛嬙和麗姬，是人們稱道的美人了，可是魚兒見了她們深深潛入水底，鳥兒見了她們高高飛向天空，麋鹿見了她們撒開四蹄飛快地逃離。人、魚、鳥和麋鹿四者究竟誰才懂得天下眞正的美色呢？以我來看，仁與義的端緒，是與非的途徑，都紛雜錯亂，我怎麼能知曉它們之間的分別！」

齧缺說：「你不了解利與害，道德修養高尚的至人難道也不知曉利與害嗎？」王倪說：「進入物我兩忘境界的至人實在是神妙不測啊！林澤焚燒不能使他感到熱，黃河、漢水封凍了不能使他感到冷，迅疾的雷霆劈山破岩、狂風翻江倒海不能使他感到震驚。假如這樣，便可駕馭雲氣，騎乘日月，在四海之外遨遊，死和生對於他自身都沒有變化，何況利與害這些微不足道的端緒呢！」

瞿鵲子問乎長梧子曰❶：「吾聞諸夫子❷，聖人不從事於務❸，不就利❹，不違害❺，不喜求，不緣道❻；無謂有謂❼，有謂無謂，而遊乎塵垢之外。夫子以爲孟浪之言❽，而我以爲妙道之行也。吾子以爲奚若❾？」

長梧子曰：「是黃帝之所聽熒也❿，而丘也何足以知之！且女亦大早計⓫，見卵而求時夜⓬，見彈而求鴞炙⓭。予嘗爲女妄言之，女以妄聽之。奚旁日月⓮，挾宇宙？爲其脗合⓯，置其滑涽[16]，以隸相尊[17]。眾人役役[18]，聖人愚芚[19]，參萬歲而一成純[20]。萬物盡然[21]，而以是相蘊[22]。

「予惡乎知說生之非惑邪[23]！予惡乎知惡死之非弱喪而不知歸者邪[24]！麗之姬[25]，艾封人之子也[26]。晉國之始得之也，涕泣沾襟，及其至於王所[27]，與王同筐床[28]，食芻豢，而後悔其泣也。予惡乎知夫死者不悔其始之蘄生乎[29]！夢飲酒者，旦而哭泣；夢哭泣者，旦而田獵[30]。方其夢也[31]，不知其夢也。夢之中又占其夢焉，覺而後知其夢也。且有大覺而後知此其大夢也，而愚者自以爲覺，竊竊然知之[32]。君乎、牧乎，固哉[33]！丘也與女，皆夢也；予謂女夢，亦夢也。是其言也，其名爲弔詭[34]。萬世之後而一遇大聖，知其解者，是旦暮遇之也[35]！」

「既使我與若辯矣[36]，若勝我，我不若勝[37]，若果是也，我果非也邪？我勝若，若不吾勝，我果是也，而果非也邪38？其或是也，其或非也邪？其俱是也，其俱非也邪？我與若不能相知也，則人固受其黮闇39，吾誰使正之40？使同乎若者正之！既與若同矣，惡能正之！使同乎我者正之？既同乎我矣，惡能正之！使異乎我與若者正之？既異乎我與若矣，惡能正之！使同乎我與若者正之？既同乎我與若矣，惡能正之！然則我與若與人，俱不能相知也，而待彼也邪41？化聲之相待42，若其不相待，和之以天倪43，因之以曼衍44，所以窮年也45。

「何謂和之以天倪？曰：是不是，然不然。是若果是也，則是之異乎不是也亦無辯；然若果然也，則然之異乎不然也亦無辯。忘年忘義46，振於無竟47，故寓諸無竟48」。

【注釋】

❶瞿鵲子、長梧子：杜撰的人名。❷夫子：孔子，名丘，字仲尼，儒家創始人。❸務：

事，含有瑣細事務的意思。❹就：趨赴，追求。❺違：避開。❻緣：因循。「不緣道」即不拘於道。❼謂：說，言談。❽孟浪：言語輕率不當。❾奚若：何如，怎麼樣。❿聽熒：疑惑不明。⓫大早：過早。⓬時夜：司夜，即報曉的雞。⓭鴞：一種肉質鮮美的鳥，俗名斑鳩。炙：烤肉。⓮奚：這裡用同「盍」，意思是「怎麼不」。旁：依傍。⓯脗：「吻」字的異體。⓰滑：通作「汩」，淆亂的意思。涽：亂。一說講作暗。⓱隸：奴僕，這裡指地位卑賤，與「尊」相對。⓲役役：馳騖於是非之境，意思是一心忙於分辨所謂是與非。⓳芚：渾然無所覺察和識別的樣子。⓴參：糝糅。萬歲：年代久遠。「參萬歲」意思是糅合歷史的長久變異與沉浮。純：精粹不雜，指不爲紛亂和差異所亂。㉑盡：皆、全。㉒以是：因此，因爲這個緣故。蘊：積。㉓說：通「悅」，喜悅。㉔惡死：討厭死亡。弱：年少。喪：喪失，這裡指流離失所。㉕麗：麗戎，春秋時的小國。姬：美女。「麗之姬」即麗姬，寵於晉獻公，素以美貌稱於世。㉖艾：地名。封人，封疆守土的人。子：女兒。㉗及：等到。㉘筐床：亦寫作「匡床」，方正而又安適的床。㉙蘄：祈，求的意思。㉚田：打獵。這個意義後代寫作「畋」。「田獵」即畋獵。㉛方：正當。㉜竊竊然：明察的樣子。㉝牧：牧夫，用指所謂卑賤的人，與高貴的「君」相對。固：鄙陋。㉞弔詭：奇特、怪異。㉟旦暮：很短的時間，含有偶然的意思。㊱若：你，即說話人的對方瞿鵲子；「我」則爲說話人長梧子。㊲不若勝：即不勝你。㊳而：你。㊴黮闇：昏暗不明的樣子。「闇」是「暗」字的異體。㊵誰使：使誰。㊶彼：這裡講作另外的什麼人。㊷化聲：變化的聲音，這裡指是非不同的言論。這一句及至「所以窮年也」，計五句二十五字，舊本原在下段中部「然若果然也」之前，今據上下文意和多本校勘意見前移於此。㊸倪：分，「天倪」即天然的分際。㊹因：順應。曼衍：變化發展。㊺所以：這裡講作「用這樣的辦法來……」。窮：盡，終了。㊻年：概指生死。義：概指是非。㊼振：暢。竟：通「境」，境界、境地。㊽寓：寄託。

【譯　文】

瞿鵲子向長梧子問道：「我從孔夫子那裡聽到這樣的談論：聖人不從事瑣細的事務，不追逐私利，不迴避災害，不喜好貪求，不因循成規；沒說什麼又好像說了些什麼，說了些什麼又好像什麼也沒有說，因而遨遊於世俗之外。孔夫子認為這些都是輕率不當的言論，而我卻認為是精妙之道的實踐和體現。先生你認為怎麼樣呢？」

長梧子說：「這些話黃帝也會疑惑不解的，而孔丘怎麼能夠知曉呢！而且你也謀慮得太早，就好像見到雞蛋便想立即得到報曉的公雞，見到彈子便想立即獲取烤熟的斑鳩肉。我姑且給你胡亂說一說，你也就胡亂聽一聽。怎麼不依傍日月，懷藏宇宙？跟萬物吻合為一體，置各種混亂紛爭於不顧，把卑賤與尊貴都等同起來。人們總是一心忙於去爭辯是非，聖人卻好像十分愚昧無所覺察，糅合古往今來多少變異、沉浮，自身卻渾成一體不為紛雜錯異所困擾。萬物全都是這樣，而且因為這個緣故相互蘊積於渾樸而又精純的狀態之中。

「我怎麼知道貪戀活在世上不是困惑呢？我又怎麼知道厭惡死亡不是年幼流落他鄉而老大還不知回歸呢？麗姬是艾地封疆守土之人的女兒，晉國征伐麗戎時俘獲了她，她當時哭得淚水浸透了衣襟；等她到晉國進入王宮，跟晉侯同睡一床而寵為夫人，吃上美味珍饈，也就後悔當初不該那麼傷心地哭泣了。我又怎麼知道那些死去的人不會後悔當初的求生呢？睡夢裡飲酒作樂的人，天亮醒來後很可能痛哭飲泣；睡夢中痛哭飲泣的人，天亮醒來後又可能在歡樂地逐圍打獵。正當他在做夢的時候，他並不知道自己是在做夢。睡夢中還會卜問所做之夢的吉凶，醒來以後方知是在做夢。人在最為清醒的時候方才知道他自身也是一場大夢，而愚昧的人則自以為清醒，好像什麼都知曉什麼都明瞭。君尊牧卑，這種看法實在是淺薄鄙陋呀！孔丘和你都是在做夢，我說你們在做夢，其實我也在做夢。上面講的這番話，它的名字可以叫作奇特和怪異。萬世之後假若一朝遇上一位大聖人，悟出上述一番話的道理，這恐怕也是偶而遇上的吧！」

「倘使我和你展開辯論，你勝了我，我沒有勝你，那麼，你果眞對，我果眞錯嗎？我勝了你，你沒有勝我，我果眞對，你果眞錯嗎？難道我們兩人有誰是正確的，有誰是不正確的嗎？難道我們兩人都是正確的，或都是不正確的嗎？我和你都無從知道，而世人原本也都承受著蒙昧與晦暗，我們又能讓誰作出正確的裁定？讓觀點跟你相同的人來判定嗎？既然看法跟你相同，怎麼能作出公正的評判！讓觀點跟我相同的人來判定嗎？既然看法跟我相同，怎麼能作出公正的評判！讓觀點不同於我和你的人來判定嗎？既然看法不同於我和你，怎麼能作出公正的評判！讓觀點跟我和你都相同的人來判定嗎？既然看法跟我和你都相同，又怎麼能作出公正的評判！如此，那麼我和你跟大家都無從知道這一點，還等待別的什麼人呢？辯論中的不同言辭跟變化中的不同聲音一樣相互對立，就像沒有相互對立一樣，都不能相互作出公正的評判。用自然的分際來調和它，用無盡的變化來順應它，還是用這樣的辦法來了此一生吧。」

「什麼叫調和自然的分際呢？對的也就像是不對的，正確的也就像是不正確的。對的假如果眞是對的，那麼對的不同於不對的，這就不須去爭辯；正確的假如果眞是正確的，那麼正確的不同於不正確的，這也不須去爭辯。忘掉死生忘掉是非，到達無窮無盡的境界，因此聖人總把自己寄託於無窮無盡的境域之中。」

罔兩問景曰❶：「曩子行❷，今子止；曩子坐，今子起。何其無特操與❸？」景曰：「吾有待而然者邪❹？吾所待又有待而然者邪？吾待蛇蚹蜩翼邪❺？惡識所以然？惡識所以不然？」

昔者莊周夢爲胡蝶❻，栩栩然胡蝶也❼，自喻適志與❽！不知周也。俄然覺❾，則蘧蘧然周也❿。不知周之夢爲胡蝶與，胡蝶之夢爲周與？周與胡蝶，則必有分矣。此之謂物化⓫。

【注釋】

❶罔兩：影子之外的微陰。景：影子，這個意義後代寫作「影」。❷曩：以往，從前。❸特：獨。操：操守。❹待：依靠，憑藉。❺蚹：蛇肚腹下的橫鱗，蛇賴此行走。蜩：蟬。❻胡蝶：亦作蝴蝶。❼栩栩然：欣然自得的樣子。❽喻：通作「愉」，愉快。適志：合乎心意，心情愉快。❾俄然：突然。❿蘧蘧然：驚惶的樣子。⓫物化：事物自身的變化。根據本段文意，所謂變化即外物與自我的交合，推進一步，一切事物也都將渾而爲一。

【譯文】

影子之外的微陰問影子：「先前你行走，現在又停下；以往你坐著，如今又站了起來。你怎麼沒有自己獨立的操守呢？」影子回答說：「我是有所依憑才這樣的嗎？我所依憑的東西又有所依憑才這樣的嗎？我所依憑的東西難道像蛇的蚹鱗和鳴蟬的翅膀嗎？我怎麼知道因爲什麼緣故會是這樣？我又怎麼知道因爲什麼緣故而不會這樣？」

過去莊周夢見自己變成蝴蝶，欣然自得地飛舞著的一隻蝴蝶，感到多麼愉快和愜意啊！不知道自己原本是莊周。突然間醒過來，驚惶不定之間方知原來我是莊周。不知是莊周夢中變成蝴蝶呢，還是蝴蝶夢見自己變成莊周呢？莊周與蝴蝶那必定是有區別的。這就可叫做物、我的交合與變化。

養生主

卷三 導讀

這是一篇談養生之道的文章。「養生主」意思就是養生的要領。莊子認爲，養生之道重在順應自然，忘卻情感，不爲外物所滯。

全文分成三個部分，第一部分至「可以盡年」，是全篇的總綱，指出養生最重要的是要做到「緣督以爲經」，即秉承事物中虛之道，順應自然的變化與發展。第二部分至「得養生焉」，以廚工分解牛體比喻人之養生，說明處世、生活都要「因其固然」、「依乎天理」，而且要取其中虛「有間」，方能「游刃有餘」，從而避開是非和矛盾的糾纏。餘下爲第三部分，進一步說明聽憑天命，順應自然，「安時而處順」的生活態度。

莊子思想的中心，一是無所依憑自由自在，一是反對人爲順其自然，本文字裡行間雖是在談論養生，實際上是在體現作者的哲學思想和生活旨趣。

吾生也有涯❶，而知也無涯❷。以有涯隨無涯❸，殆已❹；已而爲知者❺，殆而已矣！爲善無近名❻，爲惡無近刑。緣督以爲經❼，可以保身，可以全生❽，可以養親❾，可以盡年❿。

【注 釋】

❶涯：邊際，極限。❷知：知識，才智。❸隨：追隨，索求。❹殆：危險，這裡指疲困不堪，神傷體乏。❺已：此，如此，這裡指上句所說的用有限的生命索求無盡的知識的情況。❻近：接近，這裡含有追求、貪圖的意思。❼緣：順著，遵循。督：中，正道。中醫有奇經八脈之說，所謂督脈即身背之中脈，具有總督諸陽經之作用；「緣督」就是順從自然之中道的含意。經：常。❽生：通作「性」，「全生」意思是保全天性。❾養親：從字面上講，上下文意不能銜接，舊說稱不爲父母留下憂患，亦覺牽強。姑備參考。❿盡年：終享天年，不使夭折。

【譯 文】

人們的生命是有限的，而知識卻是無限的。以有限的生命去追求無限的知識，勢必體乏神傷，既然如此還在不停地追求知識，那可眞是十分危險的了！做了世人所謂的善事卻不去貪圖名聲，做了世人所謂的惡事卻不至於面對刑戮的屈辱。遵從自然的中正之路並把它作爲順應事物的常法，這就可以護衛自身，就可以保全天性，就可以不給父母留下憂患，就可以終享天年。

庖丁爲文惠君解牛❶，手之所觸❷，肩之所倚❸，足之所履❹，膝之所踦❺，砉然嚮然❻，奏刀騞然❼，莫不中音❽，合於桑林之舞❾，乃中經首之會❿。

文惠君曰：「譆⑪，善哉！技蓋至此乎⑫？」庖丁釋刀對曰⑬：「臣之所好者道也⑭，進乎技矣⑮。始臣之解牛之時，所見無非全牛者。三年之後，未嘗見全牛也。方今之時，臣以神遇而不以目視⑯，官知止而神欲行⑰。依乎天理⑱，批大郤⑲，導大窾⑳，因其固然㉑；技經肯綮之未嘗㉒，而況大軱乎㉓！良庖歲更刀㉔，割也；族庖月更刀㉕，折也㉖。今臣之刀十九年矣，所解數千牛矣，而刀刃若新發於硎㉗。彼節者有閒㉘，而刀刃者無厚。以無厚入有閒，恢恢乎其於游刃必有餘地矣㉙，是以十九年而刀刃若新發於硎。雖然，每至於族㉚，吾見其難爲，怵然爲戒㉛，視爲止，行爲遲，動刀甚微。謋然已解㉜，如土委地㉝。提刀而立，爲之四顧，爲之躊躇滿志㉞，善刀而藏之㉟。

文惠君曰：「善哉！吾聞庖丁之言，得養生焉㊱。」

【注　釋】

❶庖：廚房。「庖丁」即廚師。一說「庖」指廚師，「丁」是他的名字。爲：替，給。文惠君：舊說指梁惠王。解：剖開、分解。❷觸：接觸。❸倚：靠。❹履：踏、踩。❺踦：用膝抵住。❻砉然：皮肉分離的聲音。嚮：通作「響」，聲響。「嚮然」，多種聲音相互響應的樣子。❼奏：進。騞然：以刀快速割牛的聲音。❽中：合乎。「中音」，意思是合乎音樂的節奏。❾桑林：傳說中的殷商時代的樂曲名。「桑林之舞」意思是用桑林樂曲伴奏的舞蹈。❿經首：傳說中帝堯時代的樂曲名。會：樂律，節奏。⓫譆：「嘻」字的異體。⓬蓋：通作「盍」，講作何，怎麼的意思。一說爲句中語氣詞，讀如「蓋」。⓭釋：放下。⓮好：喜好。道：事物的規律。⓯進：進了一層，含有超過、勝過的意思。乎：於，比。⓰神：精神，心思。⓱官：器官，這裡指眼。知：知覺，這裡指視覺。⓲天理：自然的紋理，這裡指牛體的自然結構。⓳批：擊。郤：通作「隙」，這裡指牛體筋腱骨骼間的空隙。⓴導：引導，導向。窾：空，這裡指牛體骨節間較大的空處。㉑因：依，順著。固然，本然，原本的樣子。㉒技：通作「枝」，指支脈。經：經脈。「技經」指經絡結聚的地方。肯：附在骨上的肉。綮：骨肉連接很緊的地方。未：不曾。嘗：嘗試。㉓軱：大骨。㉔歲：每年。更：更換。㉕族：眾，「族庖」指一般的廚師。㉖折：斷，這裡指用刀砍斷骨頭。㉗發：出，這裡指剛從磨刀石上磨出來。硎：磨刀石。㉘閒：縫，間隙，這個意義後代寫作「間」。㉙恢恢：寬廣。游刃：運轉的刀刃。㉚族：指骨節、筋腱聚結交錯的部位。㉛怵然：小心謹慎的樣子。㉜謋：牛體分解的聲音。㉝委：堆積。㉞躊躇：悠然自得的樣子。滿志：滿足了心意。㉟善：這裡講作擺弄、擦拭的意思。㊱養生：其後省中心語，意思是「養生之道」。

【譯文】

廚師給文惠君宰殺牛牲，分解牛體時手接觸的地方，肩靠著的地方，脚踩踏的地方，膝抵住的地方，都發出砉砉的聲響，快速進刀的刷刷的聲音，無不像美妙的音樂旋律，符合桑林舞曲的節奏，又合於經首樂曲的樂律。

文惠君說：「嘻，妙呀！技術怎麼達到如此高超的地步呢？」廚師放下刀回答說：「我所喜好的是摸索事物的規律，比起一般的技術、技巧又進了一層。我開始分解牛體的時候，所看見的沒有不是一整頭牛的。三年之後，就不曾再看到整體的牛了。現在，我只用心神去接觸而不必用眼睛去觀察，眼睛的官能似乎停了下來而精神世界還在不停地運行。依照牛體自然的生理結構，劈擊肌肉骨骼間大的縫隙，把刀導向那些骨節間大的空處，順著牛體的天然結構去解剖；從不曾碰撞過經絡結聚的部位和骨肉緊密連接的地方，何況那些大骨頭呢！優秀的廚師一年更換一把刀，因爲他們是在用刀割肉；普通的廚師一個月就更換一把刀，因爲他們是在用刀砍骨頭。如今我使用的這把刀已經十九年了，所宰殺的牛牲上千頭了，而刀刃鋒利就像剛從磨刀石上磨過一樣。牛的骨節乃至各個組合部位之間是有空隙的，而刀刃幾乎沒有什麼厚度，用薄薄的刀刃插入有空隙的骨節和組合部位間，對於刀刃的運轉和回旋來說那是多麼寬綽而有餘地呀。所以我的刀使用了十九年刀鋒仍像剛從磨刀石上磨過一樣。雖然這樣，每當遇上筋腱、骨節聚結交錯的地方，我看到難於下刀，爲此而格外謹慎不敢大意，目光專注，動作遲緩，動刀十分輕微。牛體霍霍地全部分解開來，就像是一堆泥土堆放在地上。我於是提著刀站在那兒，爲此而環顧四周，爲此而躊躇滿志，這才擦拭好刀收藏起來。」

文惠君說：「妙啊，我聽了廚師這番話，從中得到養生的道理了。」

公文軒見右師而驚曰❶：「是何人也？惡乎介也❷？天與，其人與？」曰：「天也，非人也。天之生是使獨也❸，人之貌有與也❹。以是知其天也，非人也」。

澤雉十步一啄❺，百步一飲，不蘄畜乎樊中❻。神雖王❼，不善也。

老聃死❽，秦失弔之❾，三號而出❿。弟子曰：「非夫子之友邪？」曰：「然」。「然則弔焉若此，可乎？」曰：「然。始也吾以爲其人也⓫，而今非也。向吾入而弔焉⓬，有老者哭之，如哭其子，少者哭之，如哭其母。彼其所以會之⓭，必有不蘄言而言，不蘄哭而哭者。是遁天倍情⓮，忘其所受⓯，古者謂之遁天之刑⓰。適來⓱，夫子時也⓲；適去，夫子順也。安時而處順，哀樂不能入也，古者謂是帝之縣解⓳。」

指窮於為薪⑳，火傳也，不知其盡也。

【注釋】

❶公文軒：相傳為宋國人，複姓公文，名軒。右師：官名，古人常有借某人之官名稱謂其人的習慣。❷介：獨，只有一隻腳。一說「介」當作「兀」，失去一足的意思。❸是：此，指代形體上只有一隻腳的情況。獨：只有一隻腳。❹與：舊注解釋為「共」，所謂「有與」即兩足共行。一說「與」當講作賦與，意思是人的外形當是自然的賦與。❺雉：雉鳥，俗稱野雞。❻蘄：祈求，希望。畜：養。樊：籠。❼王：旺盛，這個意義後代寫作「旺」。❽老聃：相傳即老子，楚人，姓李名耳。❾秦失：亦寫作「秦佚」，老聃的朋友。❿號：這裡指大聲地哭。⓫其人：指與秦失對話的哭泣者。老聃和秦失都把生死看得很輕，在秦失的眼裡老聃的弟子也應都是能夠超脫物外的人，但如此傷心地長久哭泣，顯然哀痛過甚，有失老聃的遺風。⓬向：剛才。⓭彼其：指哭泣者，即前四句中的「老者」和「少者」。所以：講作「……的原因」。會：聚，碰在一塊兒。⓮遁：逃避，違反。倍：通作「背」，背棄的意思。一說「倍」講作「加」，是增益的意思。⓯忘其所受：大意是忘掉了受命於天的道理。莊子認為人體稟承於自然，方才有生有死，如果好生惡死，這就忘掉了受命於天的道理。⓰刑：過失。「遁天之刑」是說感傷過度，勢必違反自然之道而招來過失。一說「刑」即刑辱之意。⓱適：偶然。來：來到世上，與下一句的「去」講作離開人世相對立；這裡的「來」、「去」實指人的生和死。⓲夫子：指老聃。⓳帝：天，萬物的主宰。縣：同「懸」。「帝之縣解」猶言「自然解脫」。在莊子看來，憂樂不能入，死生不能繫，做到「安時而處順」，就自然地解除了困縛，猶如解脫了倒懸之苦。⑳本句旨意歷來解釋紛紜，不得要領。根據前文所述可這樣理解：「指」、「薪」即脂薪，又稱燭薪，用以取光照物，「窮」是盡的意思，油脂燃盡於浸裹的柴薪，但火種卻不會熄滅，傳之於無窮。

【譯文】

公文軒見到右師大吃一驚，說：「這是什麼人？怎麼只有一隻腳呢？是天生只有一隻腳，還是人爲地失去一隻腳呢？」右師說：「天生成的，不是人爲的。老天爺生就了我這樣一付形體讓我只有一隻腳，人的外觀完全是上天所賦與的。所以知道是天生的，不是人爲的。」

沼澤邊的野雞走上十步才能啄到一口食物，走上百步才能喝到一口水，可是它絲毫也不會祈求畜養在籠子裡。生活在樊籠裡雖然不必費力尋食，但精力即使十分旺盛，那也是很不快意的。

老聃死了，他的朋友秦失去弔喪，大哭幾聲便離開了。老聃的弟子問道：「你不是我們老師的朋友嗎？」秦失說：「是的。」弟子們又問：「那麼弔唁朋友像這樣，行嗎？」秦失說：「行。原來我認爲你們跟隨老師多年都是超脫物外的人了，現在看來並不是這樣的。剛才我進入靈房去弔唁，有老年人在哭他，像做父母的哭自己的孩子；有年輕人在哭他，像做孩子的哭自己的父母。他們之所以會聚在這裡，一定有人本不想說什麼卻情不自禁地訴說了什麼，本不想哭泣卻情不自禁地痛哭起來。如此喜生惡死是違反常理、背棄眞情的，他們都忘掉了人是稟承於自然、受命於天的道理，古時候人們稱這種作法就叫背離自然的過失。偶然來到世上，你們的老師他應時而生；偶然離開人世，你們的老師他順依而死。安於天理和常分，順從自然和變化，哀傷和歡樂便都不能進入心懷，古時候人們稱這樣做就叫自然的解脫，好像解除倒懸之苦似的。

取光照物的燭薪終會燃盡，而火種卻傳續下來，永遠不會熄滅。

人間世

卷四 導讀

〈人間世〉的中心是討論處世之道，既表述了莊子所主張的處人與自處的人生態度，也揭示出莊子處世的哲學觀點。

全文可分爲前後兩大部分，前一部分至「可不愼邪」，以下爲後一部分。前一部分假託三個故事：孔子在顏回打算出仕衛國時對他的談話，葉公子高將出使齊國時向孔子的求教，顏闔被請去做衛太子師傅時向蘧伯玉的討教，以此來說明處世之難，不可不愼。怎樣才能應付艱難的世事呢？《莊子》首先提出要「心齋」，即「虛以待物」。再則提出要「知其不可奈何而安之若命」，第三提出要「正女身」，並「形莫若就」，「心莫若和」。歸結到一點仍舊是「無己」。第二部分著力表達「無用」之爲有用，用樹木不成材卻終享天年和支離疏形體不全卻避除了許多災禍來比喻說明，最後一句「人皆知有用之用，而莫知無用之用」，便是整個第二部分的結語。前後兩部分是互補的，世事艱難推出了「無用」之用的觀點，「無用」之用正是「虛以待物」的體現。「無用」之用決定了莊子「虛無」的人生態度，但也充滿了辯證法，有用和無用是客觀的，但也是相對的，而且在特定環境裡還會出現轉化。

顏回見仲尼[1]，請行。曰：「奚之[2]？」曰：「將之衛。」曰：「奚爲焉？」曰：「回聞衛君，其年壯，其行獨[3]；輕用其國，而不見其過；輕用民死，死者以國量乎澤若蕉[4]，民其無如矣[5]。回嘗聞之夫子曰：『治國去之[6]，亂國就之[7]，醫門多疾』。願以所聞思其則[8]，庶幾其國有瘳乎[9]！」

仲尼曰：「譆！若殆往而刑耳[10]！夫道不欲雜，雜則多，多則擾，擾則憂，憂而不救。古之至人，先存諸己而後存諸人[11]。所存於己者未定，何暇至於暴人之所行[12]！」

「且若亦知夫德之所蕩而知之所爲出乎哉[13]？德蕩乎名，知出乎爭。名也者，相軋也[14]；知也者，爭之器也。二者凶器，非所以盡行也。」

「且德厚信矼[15]，未達人氣[16]，名聞不爭，未達人心。而強以仁義繩墨之言術暴人之前者[17]，是以人惡有其美也[18]，命之曰菑人[19]。菑人者，人必反菑之，若殆爲人菑夫？且苟爲悅賢而惡不肖[20]，惡用而求有以異[21]？若唯無詔[22]，王公必將乘人而鬥其捷[23]。而目將熒之[24]，而色將平之[25]，口將營之[26]，容將形之[27]，心且成之[28]。是以火救火，以水救水，名之曰益多。順始無窮，若殆以不信厚言，必死於暴人之前矣！」

「且昔者桀殺關龍逢[29]，紂殺王子比干[30]，是皆修其身以下傴拊人之民[31]，以下拂其上者也[32]，故其君因其修以擠之[33]。是好名者也。昔者堯攻叢枝、胥敖[34]，禹攻有扈[35]，國爲虛厲[36]，身爲刑戮；其用兵不止，其求實無已[37]。是皆求名實者也，而獨不聞之乎？名實者，聖人之所不能勝也，而況若乎！雖然，若必有以也[38]，嘗以語我來[39]！」

【注釋】

❶顏回：孔子的弟子，姓顏名回字子淵，魯國人。仲尼：孔子，仲尼爲字。孔子與顏回的這段談話完全出自假託。❷之：往。❸獨：專斷。❹蕉：草芥。❺如：往。「無如」意思是沒有歸往的地方。❻去：離。❼就：趨赴，前往。❽以：用，根據。則：準則，辦法。❾庶幾：也許可以，含有希望的意思。瘳：病癒，這裡指國家恢復了元氣。❿殆：恐怕，大概。刑：遭受刑戮。⓫存：存立，這裡指道德修養的建立。⓬暴人：施政暴虐的人，這裡指衛國國君。⓭蕩：喪失，毀壞。所爲：講作「……的原因」。⓮軋：傾軋。⓯矼：堅實、篤厚。⓰人氣：猶言民情、民心，與下句的「人心」意思相近。「未達人氣」、「未達人心」，意思是未能得到人們廣泛的理解。⓱繩墨：喻指規矩、規範。術：通作「述」。一說「術」字是「衒」字之誤，賣弄的意思。⓲此句就上下文意看很難串通。一說「有」字乃是「育」字之誤，講作「賣」，即「鬻」的意思。其：己，三人稱代詞變用爲己稱。⓳命之：名之，稱謂它。菑：「災」字的異體。⓴悅：喜好。不肖：不像，這裡指不學好。㉑而：汝，你。㉒唯：只。詔：告，這裡指向衛君進言。㉓王公：指衛君。乘：趁，「乘人」就是抓住說話人說漏了嘴的機會。一說講作藉助國君的威勢。捷：形容言語快捷善辯，不讓說話對方有喘息思考的機會。㉔熒：眩，迷惑。㉕色：臉色。平：平和。㉖營：營救，這裡指用言語自我解脫。㉗容：容顏、態度。形：顯露，表現。㉘成之：以之爲成，把對方的作爲加以認可。㉙桀：夏代最後一個國君，素以暴虐稱著於史。關龍逢：夏桀時代的賢臣，因直言勸諫而被夏桀殺害。㉚紂：商代最後一個國君，史傳又一個暴君。比干：商紂王的庶出叔叔，也因力諫而被紂王殺害。㉛下：下位，居於臣下之位。傴拊：憐愛撫育。人：人君的省稱。㉜拂：違反。上：居於上位的人，這裡指國君。㉝修：美好，這裡專指很有道德修養。擠：排斥。㉞叢枝、胥敖：帝堯時代的兩個部落小國的國名。〈齊物論〉中有宗、膾、胥敖之稱，「叢枝」疑即「宗」、「膾」，姑備參考。㉟有扈：古

國名。㊱虛：墟所，這個意義後代寫作「墟」。厲：人死而無後代。㊲實：實利。已：止。㊳有以：有所依憑。㊴以語我：把它告訴給我。來：句末語氣詞，表示感嘆。

【譯 文】

顏回拜見老師仲尼，請求同意他出遠門。孔子說：「到哪裡去呢？」顏回回答：「打算去衛國。」孔子說：「去衛國幹什麼呢？」顏回說：「我聽說衛國的國君，他正年輕，辦事專斷；輕率地處理政事，卻看不到自己的過失；輕率地役使百姓使人民大量死亡，死人遍及全國不可稱數，就像大澤中的草芥一樣，百姓都失去了可以歸往的地方。我曾聽老師說：『治理得好的國家可以離開它，治理得不好的國家卻要去到那裡，就好像醫生門前病人多一樣』。我希望根據先生的這些教誨思考治理衛國的辦法，衛國也許還可以逐步恢復元氣吧！」

孔子說：「嘻！你恐怕去到衛國就會遭到殺害啊！推行大道是不宜摻雜的，雜亂了就會事緒繁多，事緒繁多就會心生擾亂，心生擾亂就會產生憂患，憂患多了也就自身難保，更何況拯救國家。古時候道德修養高尚的至人，總是先使自己日臻成熟方才去扶助他人。如今在自己的道德修養方面還沒有什麼建樹，哪裡還有什麼工夫到暴君那裡去推行大道！」

「你懂得道德毀敗和智慧表露的原因嗎？道德的毀敗在於追求名聲，智慧的表露在於爭辯是非。名聲是互相傾軋的原因，智慧是互相爭鬥的工具。二者都像是凶器，不可以將它推行於世。」

「一個人雖然德行純厚誠實篤守，可未必能和對方聲氣相通，一個人雖然不爭名聲，可未必能得到廣泛的理解。而勉強把仁義和規範之類的言辭述說於暴君面前，這就好比用別人的醜行來顯示自己的美德，這樣的做法可以說是害人。害人的人一定會被別人所害，你這樣做恐怕會遭到別人傷害的！況且，假如說衛君喜好賢能而討厭惡人，那麼，哪裡還用得著等待你去才有所改變？你果眞去到衛國也只能是不向衛君進言，否則衛君一定會緊緊抓住你偶然說漏嘴的機會快捷地向你展開爭辯。你必將眼花撩亂，而面色將佯作平和，你說話自顧不暇，容顏將被迫俯就，內心也就姑且認同衛君的所作所爲了。這樣做就像是用火救火，用水救水，可以稱之爲錯上加錯。有了依順他的開始，以後順從他的旨意便會沒完沒了，假如你未能取信便深深進言，那麼一定會死在這位暴君面前。」

「從前，夏桀殺害了敢於直諫的關龍逢，商紂王殺害了力諫的叔叔比干，這些賢臣他們都十分注重自身的道德修養而以臣下的地位撫愛人君的百姓，同時也以臣下的地位違逆了他們的國君，所以他們的國君就因爲他們道德修養高尚而排斥他們、殺害了他們。這就是喜好名聲的結果。當年帝堯征伐叢枝和胥敖，夏禹攻打有扈，三國的土地變成廢墟，人民全都死盡，而國君自身也遭受殺戮，原因就是三國不停地使用武力，貪求別國的土地和人口。這些都是求名求利的結果，你偏偏就沒有聽說過嗎？名聲和實利，就是聖人也不可能超越，何況是你呢？雖然這樣，你必定有所依憑，你就試著把它告訴我吧！」

顏回曰：「端而虛❶，勉而一❷。則可乎？」曰：「惡，❸惡可！夫以陽爲充孔揚❹，采色不定❺，常人之所不違，因案人之所感❻，以求容與其心❼，名之曰日漸之德不成❽，而況大德乎！

將執而不化[9]，外合而內不訾[10]，其庸詎可乎[11]！」

「然則我內直而外曲[12]，成而上比[13]。內直者，與天爲徒[14]。與天爲徒者，知天子之與己皆天之所子[15]，而獨以己言蘄乎而人善之[16]，蘄乎而人不善之邪？若然者，人謂之童子[17]，是之謂與天爲徒。外曲者，與人之爲徒也。擎跽曲拳[18]，人臣之禮也，人皆爲之，吾敢不爲邪？爲人之所爲者，人亦無疵焉[19]，是之謂與人爲徒。成而上比者，與古爲徒，其言雖教，讁之實也[20]；古之有也，非吾有也。若然者，雖直而不病[21]，是之謂與古爲徒。若是則可乎？」仲尼曰：「惡，惡可！大多政法而不諜[22]，雖固亦無罪[23]。雖然，止是耳矣[24]，夫胡可以及化[25]！猶師心者也[26]。」

顏回曰：「吾無以進矣，敢問其方[27]。」仲尼曰：「齋[28]，吾將語若！有心而爲之[29]，其易邪？易之者，皞天不宜[30]。」顏回曰：「回之家貧，唯不飲酒不茹葷者數月矣[31]。如此，則可以爲齋乎？」曰：「是祭祀之齋，非心齋也[32]。」回曰：「敢問心齋？」仲尼曰：「若一志[33]，無聽之以耳而聽之以心，無聽之以心而聽之以氣[34]！聽止於耳[35]，心止於符[36]。氣也者，虛而待物者也。唯道集虛[37]。虛者，心齋也。」

顏回曰：「回之未始得使[38]，實自回也[39]；得使之也，未始有回也。可謂虛乎？」夫子曰：「盡矣[40]。吾語若！若能入游其樊而無感其名[41]，入則鳴[42]，不入則止。無門無毒[43]，一宅而寓於不得已[44]，則幾矣[45]。絕迹易，無行地難[46]。爲人使易以僞[47]，爲天使難以僞。聞以有翼飛者矣，未聞以無翼飛者也；聞以有知知者矣，未聞以無知知者也[48]。瞻彼闋者[49]，虛室生白[50]，吉祥止止51。夫且不止，是之謂坐馳52，夫徇耳目內通而外於心知53，鬼神將來舍，而況人乎！是萬物之化也，禹舜之所紐也54，伏戲几蘧之所行終55，而況散焉者乎56！」

【注釋】

❶端：端莊、正派。虛：虛豁、謙遜。「端」指外表，「虛」指內心。❷勉：勤懇努力。一：這裡是始終如一，忠貞不二的意思。❸惡：嘆詞，駁斥之聲，與下句疑問代詞用法的「惡」不同。❹陽：指剛猛之盛氣。充：滿，充斥於心。孔：甚，很。揚：露於外表。❺采色：這裡指面部表情。「采色不定」猶言「喜怒無常」。❻案：壓抑，壓制。❼容與：放縱。❽漸：浸漬，潤澤。❾執：固守己見。❿外合：外表贊同。訾：非議。「不訾」意思是不願對自己的言行作出反省。⓫其：那，那樣。庸詎：怎麼。⓬直：正直，光明正大。曲：彎曲，含有俯首曲就的意思。⓭成：成就，指心中有數，已有成熟的主張和看法。一說引用現成的話。上：上世，指古代。「上比」意思是跟古代的作法相比較。⓮天：自然。⓯所子：所養育的子女。⓰蘄：祈求，希望得到。善之：以之爲善，把這樣的言論看作是正確的。⓱童子：未成年的人。⓲擎：舉，這裡指手裡拿著朝笏。跽：長跪。曲拳：躬身屈體。⓳疵：誹謗。⓴謫：「讁」字的異體，譴責、責備。㉑病：怨恨、禍害。㉒大：太。政：通作「正」，端正、糾正的意思。諜：當。㉓固：固陋，執著而不通達。㉔止是：只此。耳矣：罷了。㉕胡：何，怎麼。㉖師：講作以……爲師。心：這裡指內心的定見。㉗敢：表示謙敬之詞，相當於今天「斗膽地」、「冒昧地」之意。方：辦法。㉘齋：齋戒，指祭祀前的清心潔身，這裡專指清心。㉙有心：指懷有積極用世之

心。㉚皞：通作「昊」，廣大的意思。「皞天」就是「大天」。宜：當，合適。㉛茹：吃。葷：舊注指葷辛，即葱蒜之類的菜。㉜心齋：內心的齋戒。㉝一：專一。「一志」意思是凝寂虛志，摒除雜念，心思高度專一。㉞氣：「氣」在中國古代哲學中是一極爲重要的概念，指構成宇宙萬物的本源。但這裡是指虛以待物的心境。㉟「聽止於耳」一句，聯繫下句當是「耳止於聽」之誤倒。㊱符：合。㊲虛：這裡指純淨、空明的境界。㊳得使：意思是稟受了心齋的教誨。㊴自：疑是「有」字之誤。㊵盡：詳盡，指顏回的上述言論對於「心齋」的理解，說得十分深透。㊶樊：籬笆，喻指衛君統治的範圍，並暗含追名逐利之場所的意思。感其名：爲名利地位所動。㊷入：採納進諫。㊸毒：通作「壔」，累積土石用作保衛門欄的土臺，喻指索求門徑的標的。㊹一：心思高度集中。宅：這裡用指心靈的位置。「一宅」的意思就是心靈安於凝聚專一，全無雜念。㊺幾：近，意思是做到了這一步就接近於大道，符合「心齋」的要求了。㊻無行地：行走卻不踐地，喻指做了什麼事都不留下痕迹。㊼使：驅使。僞：假。㊽有知知者：前者讀智，智慧、才能之意。後者讀知，意即認識、了解。㊾瞻：望。闋：空虛。㊿虛室：空靈的精神世界。白：潔淨，指什麼也不存在的虛無的心理狀態。(51)止止：意思是止於凝靜的心境。(52)坐馳：形體坐在那裡而心裡卻馳騁於他處。(53)徇：使。內通，向內通達。外：這裡是排除的意思。心知：心智。(54)紐：樞紐，關鍵。(55)伏戲、几蘧：傳說時代的遠古帝王。「伏戲」多寫爲「伏羲」。終：到底，遵循始終。(56)「散焉者」指疏散的人，即普通、平常的人。

【譯 文】

顏回說：「我外表端莊內心虛豁，勤奮努力終始如一，這樣就可以了嗎？」孔子說：「唉，這怎麼可以呢！衛君剛猛暴烈盛氣露於言表，而且喜怒無常，人們都不敢有絲毫違背他的地方，他也藉此壓抑人們的眞實感受和不同觀點，以此來放縱他的欲望。

這眞可以說是每日用道德來感化都不會有成效，更何況用大德來勸導呢？他必將固守己見而不會改變，表面贊同而內心裡也不會對自己的言行作出反省，你那樣的想法怎麼能行得通呢？」

顏回說：「如此，那我就內心秉正誠直而外表俯首曲就，內心自有主見並處處跟古代賢人作比較。內心秉正誠直，這就是與自然爲同類。跟自然爲同類，可知國君與自己都是上天養育的子女。又何必把自己的言論宣之於外而希望得到人們的贊同，還是希望人們不予贊同呢？像這樣做，人們就會稱之爲未失童心，這就叫跟自然爲同類。外表俯首曲就的人，是跟世人爲同類。手拿朝笏躬身下拜，這是做臣子的禮節，別人都這樣去做，我敢不這樣做嗎？做一般人臣都做的事，人們也就不會責難了吧，這就叫跟世人爲同類。心有成見而上比古代賢人，是跟古人爲同類。他們的言論雖然很有教益，指責世事才是眞情實意。這樣做自古就有，並不是從我才開始的。像這樣做，雖然正直不阿卻也不會受到傷害，這就叫跟古人爲同類。這樣做便可以了嗎？」孔子說：「唉，怎麼可以呢？太多的事情需要糾正，就是有所效法也會出現不當，雖然固陋而不通達也沒有什麼罪責。即使這樣，也不過如此而已，又怎麼能感化他呢！你好像是太執著於自己內心成見的人哩。」

顏回說：「我沒有更好的辦法了，冒昧地向老師求教方策。」孔子說：「齋戒清心，我將告訴你！如果懷著積極用世之心去做，難道是容易的嗎？如果這樣做也很容易的話，蒼天也會認爲是不適宜的。」顏回說：「我顏回家境貧窮，不飲酒漿、不吃葷食已經好幾個月了，像這樣，可以說是齋戒了吧？」孔子說：「這是祭祀前的所謂齋戒，並不是『心齋』。」顏回說：「我請教什麼是『心齋』。」孔子說：「你必須摒除雜念，專一心思，不用耳去聽而用心去領悟，不用心去領悟而用凝寂虛無的意境去感應！耳的功用僅只在於聆聽，心的功用僅只在於跟外界事物交合。凝寂虛無的意境才是虛弱柔順而能應待宇宙萬物的，只有大道才能匯集於凝寂虛無的心境。虛無空明的心境就叫做『心齋』。」

顏回說：「我不曾稟受過『心齋』的教誨，所以確實存在一個眞實的顏回；我稟受了『心齋』的教誨，我便頓時感到不曾有過眞實的顏回。這可以叫做虛無空明的境界嗎？」孔子說：「你對『心齋』的理解實在十分透徹。我再告訴你，假如能夠進入到追名逐利的環境中遨遊而又不爲名利地位所動，衛君能採納你就闡明你的觀點，不能採納你就停止不說，不去尋找仕途的門徑，也不向世人提示索求的標的，心思凝聚全無雜念，把自己寄託於無可奈何的境域，那麼就差不多合於『心齋』的要求了。一個人不走路容易，走了路不在地上留下痕迹就很難。受世人的驅遣容易僞裝，受自然的驅遣便很難作假。聽說過憑藉翅膀才能飛翔，不曾聽說過沒有翅膀也能飛翔，聽說過有智慧才能了解事物，不曾聽說過沒有智慧也可以了解事物。看一看那空曠的環宇，空明的心境頓時獨存精白，而什麼也都不復存在，一切吉祥之事都消逝於凝靜的境界。至此還不能凝止，這就叫形坐神馳。倘使耳目的感觀向內通達而又排除心智於外，那麼鬼神將會前來歸附，何況是人呢！這就是萬物的變化，是禹和舜所把握的要領，也是伏羲、几蘧所遵循始終的道理，何況普通的人呢！」

葉公子高將使於齊❶，問於仲尼曰：「王使諸梁也甚重❷，齊之待使者，蓋將甚敬而不急，匹夫猶未可動，而況諸侯乎！吾甚慄之❸。子常語諸梁也曰：『凡事若小若大❹，寡不道以懽成❺。事若不成，則必有人道之患❻；事若成，則必有陰陽之患⑦。若成若不成而後無患者，唯有德者能之。』吾食也執粗而不臧⑧，爨無欲清之人⑨。今吾朝受命而夕飲冰，我其內熱與⑩！吾未至乎事之情⑪，而既有陰陽之患矣；事若不成，必有人道之患。是兩也，爲人臣者不足以任之⑫，子其有以語我來！」

仲尼曰：「天下有大戒二⑬：其一命也，其一義也。子之愛親，命也，不可解於心；臣之事君，義也，無適而非君也⑭，無所逃於天地之間。是之謂大戒。是以夫事其親者，不擇地而安之，孝之至也；夫事其君者，不擇事而安之，忠之盛也⑮；自事其心者⑯，哀樂不易施乎前⑰，知其不可奈何而安之若命，德之至也。爲人臣子者，固有所不得已。行事之情而忘其身，何暇至於悅生而惡死！夫子其行可矣！」

「丘請復以所聞：凡交近則必相靡以信⑱，遠則必忠之以言[19]，言必或傳之。夫傳兩喜兩怒之言[20]，天下之難者也。夫兩喜必多溢美之言[21]，兩怒必多溢惡之言。凡溢之類妄[22]，妄則其信之也莫[23]，莫則傳言者殃。故法言曰[24]：『傳其常情，無傳其溢言，則幾乎全』[25]，且以巧鬥力者[26]，始乎陽[27]，常卒乎陰[28]，泰至則多奇巧[29]；以禮飲酒者，始乎治[30]，常卒乎亂，泰至則多奇樂[31]。凡事亦然：始乎諒[32]，常卒乎鄙[33]；其作始也簡，其將畢也必巨。」

「言者，風波也；行者，實喪也[34]。夫風波易以動，實喪易以危。故忿設無由[35]，巧言偏辭[36]。獸死不擇音，氣息茀然[37]，於是並生心厲[38]。剋核大至[39]，則必有不肖之心應之[40]，而不知其然也。苟爲不知其然也，孰知其所終！故法言曰：『無遷令[41]，無勸成[42]，過度益也[43]』。遷令勸成殆事[44]，美成在久[45]，惡成不及改，可不愼與！且夫乘物以遊心㊻，託不得已以養中㊼，至矣。何作爲報也㊽！莫若爲致命㊾，此其難者！」

【注釋】

❶葉公子高：楚莊王玄孫尹成子，名諸梁，字子高。爲楚大夫，封於葉，自僭爲「公」，故有「葉公子高」之稱。使：出使。❷使諸梁：以諸梁爲使。❸慄：恐懼。❹若：或者。❺寡：少。道：由，通過。懽：「歡」字的異體今簡作「歡」。「歡成」，指圓滿的結果。❻人道之患：人爲的禍害，指國君的懲罰。❼陰：事未辦成的憂懼。陽：事已辦成的喜悅。這裡是說忽憂忽喜而交集於心，勢必失調以致病患。❽執粗：食用粗茶淡飯。臧：好。「不臧」指不精美的食品。❾爨：炊，烹飪食物。這句話頗費解，聯繫上下文大意，烹飪食物也就無須解涼散熱的人。❿內熱：內心煩躁和焦慮。⓫情：眞實。⓬任：承擔。⓭戒：法。「大戒」指人生足以爲戒的大法。⓮無適而非君也：適，往、到。全句是說，天下雖大，但所到之處，沒有不受國君統治的地方。⓯盛：極點、頂點。⓰自事其心：侍奉自己的心思，意思是注意培養自己的道德修養。⓱施：移動，影響。⓲靡：通作「摩」，愛撫順從的意思。一說通作「縻」，維繫的意思。「相靡以信」，用誠信相互和順與親近。⓳忠之以言：用忠實的語言相交。一說「忠」字爲「辜」字之誤，「辜」爲固字之古體。⓴兩喜兩怒之言：兩國國君或喜或怒的言辭。㉑溢：滿，超出。「溢美之言」指過分誇讚的言辭。下句「溢惡之言」對文，指過分憎惡的話。㉒妄：虛假。㉓莫：薄。「信之以莫」意思是眞實程度值得懷疑。㉔法言：古代的格言。㉕全：保全。㉖鬥力：相互較力，猶言相互爭鬥。㉗陽：指公開地爭鬥。㉘卒：終。陰：指暗地裡使計謀。㉙泰至：大至，達到極點。奇巧：指玩弄陰謀。㉚治：指合乎常理和規矩。㉛奇樂：放縱無度。㉜

諒：取信，相互信任。㉝鄙：惡，欺詐。㉞實喪：得失。這句話是說，傳遞語言總會有得有失。㉟設：置，含發作、產生的意思。㊱巧：虛浮不實。偏：片面的。㊲茀：通作「勃」，「茀然」，氣息急促的樣子。㊳厲：狠虐，「心厲」，指傷害人的惡念。㊴剋：「克」字的異體。「剋核」，即苛責。㊵不肖：不善，不正。㊶遷：改變。㊷勸：勉力，這裡含有力不能及卻勉強去做的意思。成：指辦成功什麼事。「勸成」，意思是勉強讓人去做成某一件事。㊸益：添加。一說「益」就是「溢」的意思，即前面所說的「溢之類妄」的含意。㊹殆：危險。「殆事」猶言「壞事」。㊺美成：意思是美好的事情要做成功。下句「惡成」對文，意思是壞事做成了。㊻乘物：順應客觀事物。㊼中：中氣，這裡指神智。㊽作：作意。大意是何必爲齊國作意其間。㊾爲致命：原原本本地傳達國君的意見。一說「命」當講作天命，即自然的意思，則全句大意是不如順應自然。

【譯文】

葉公子高將要出使齊國，他向孔子請教：「楚王派我諸梁出使齊國，責任重大。齊國接待外來使節，總是表面恭敬而內心怠慢。平常老百姓尚且不易說服，何況是諸侯呢！我心裡十分害怕。您常對我說：『事情無論大小，很少有不通過言語的交往可以獲得圓滿結果的。事情如果辦不成功，那麼必定會受到國君懲罰；事情如果辦成功了，那又一定會憂喜交集釀出病害。事情辦成功或者辦不成功都不會留下禍患，只有道德高尚的人才能做到。』我每天吃的都是粗糙不精美的食物，烹飪食物的人也就無須解涼散熱。我今天早上接受國君詔命到了晚上就得飲用冰水，恐怕是因爲我內心焦躁擔憂吧！我還不曾接觸到事的眞情，就已經有了憂喜交加所導致的病患；事情假如眞辦不成，那一定還會受到國君懲罰。成與不成這兩種結果，做臣子的我都不足以承擔，先生你大概有什麼可以教導我吧！」

孔子說：「天下有兩個足以爲戒的大法：一是天命，一是道義。做兒女的敬愛雙親，這是自然的天性，是無法從內心解釋的；臣子侍奉國君，這是人爲的道義，天地之間無論到什麼地方都不會沒有國君的統治，這是無法逃避的現實。這就叫做足以爲戒的大法。所以侍奉雙親的人，無論什麼樣的境遇都要使父母安適，這是孝心的最高表現；侍奉國君的人，無論辦什麼樣的事都要讓國君放心，這是盡忠的極點。注重自我修養的人，悲哀和歡樂都不容易使他受到影響，知道世事很難，無可奈何卻又能安於處境、順應自然，這就是道德修養的最高境界。做臣子的原本就會有不得已的事情，遇事要能把握眞情並忘掉自身，哪裡還顧得上眷戀人生、厭惡死亡呢！你這樣去做就可以了！」

「不過我還是把我所聽到的道理再告訴你：大凡與鄰近國家交往一定要用誠信使相互之間和順親近，而與遠方國家交往則必定要用語言來表示相互間的忠誠。國家間交往的語言總得有人相互傳遞。傳遞兩國國君喜怒的言辭，乃是天下最困難的事。兩國國君喜悅的言辭必定添加了許多過分的誇讚，兩國國君憤怒的言辭心定添加了許多過分的憎惡。大凡過度的話語都類似於虛構，虛構的言辭其眞實程度也就値得懷疑，國君產生懷疑傳達信息的使者就要遭殃。所以古代格言說：『傳達平實的言辭，不要傳達過分的話語，那麼也就差不多可以保全自己了』。況且以智巧相互較量的人，開始時平和開朗，後來就常常暗使計謀，達到極點時則大要陰謀，倍生詭計。按照禮節飲酒的人，開始時規規矩矩合乎人情，到後來常常就一片混亂大失禮儀，達到極點時則荒誕淫樂、放縱無度。無論什麼事情恐怕都是這樣：開始時相互信任，到頭來互相欺詐；開始時單純細微，臨近結束時便變得紛繁巨大。」

「言語猶如風吹的水波，傳達言語定會有得有失。風吹波浪容易動盪，有了得失容易出現危難。所以憤怒發作沒有別的什麼緣由，就是因爲言辭虛浮而又片面失當。猛獸臨死時什麼聲音都叫得出來，氣息急促喘息不定，於是迸發傷人害命的惡念。

大凡過分苛責，必會產生不好的念頭來應付，而他自己也不知道這是怎麼回事。假如做了些什麼而他自己卻又不知道那是怎麼回事，誰還能知道他會有怎樣的結果！所以古代格言說：『不要隨意改變已經下達的命令，不要勉強他人去做力不從心的事，說話過頭一定是多餘、添加的』。改變成命或者強人所難都很危險，成就一樁好事要經歷很長的時間，壞事一旦做出悔改是來不及的，行爲處世能不審慎嗎！至於順應自然而使心志自在遨遊，一切都寄託於無可奈何以養蓄神智，這就是最好的辦法。有什麼必要作爲回報！不如原原本本地傳達國君所給的使命，這樣做有什麼困難呢！」

顏闔將傅衛靈公大子❶，而問於蘧伯玉曰❷：「有人於此，其德天殺❸。與之爲無方❹，則危吾國；與之爲有方，則危吾身。其知適足以知人之過❺，而不知其所以過❻。若然者，吾奈之何？」

蘧伯玉曰：「善哉問乎！戒之慎之，正女身也哉！形莫若就❼，心莫若和❽。雖然，之二者有患❾。就不欲入❿，和不欲出⓫。形就而入，且爲顚爲滅⓬，爲崩爲蹶⓭。心和而出，且爲聲爲名⓮，爲妖爲孽⑮。彼且爲嬰兒，亦與之爲嬰兒；彼且爲無町畦⑯，亦與之爲無町畦；彼且爲無崖⑰，亦與之爲無崖。達之⑱，入於無疵⑲。」

「汝不知夫螳蜋乎？怒其臂以當車轍⑳，不知其不勝任也，是其才之美者也㉑。戒之，慎之！積伐而美者以犯之㉒，幾矣㉓。汝不知夫養虎者乎？不敢以生物與之㉔，爲其殺之之怒也㉕；不敢以全物與之，爲其決之之怒也㉖。時其飢飽，達其怒心㉗。虎之與人異類而媚養己者㉘，順也；故其殺者，逆也㉙。」

「夫愛馬者，以筐盛矢㉚，以蜄盛溺㉛。適有蚉虻仆緣㉜，而拊之不時㉝，則缺銜毀首碎胸㉞。意有所至而愛有所亡㉟，可不慎邪！」

【注釋】

❶顏闔：魯國的賢人。傅衛靈公大子：給衛靈公太子作師傅。大子：太子。❷蘧伯玉：

衞國的賢大夫，名瑗，字伯玉。❸天殺：生就的凶殘嗜殺。❹與之：朝夕與共的意思。方：法度、規範。❺其知：他們的智慧。❻其：「其」字的指代含意舊注指前句之有過者，認爲公子自身無道，致使百姓有過，全句意思是，卻不知道人們爲什麼出現過錯。「其」字一說作反身自代講，全句意思則是，卻不知道自己爲什麼會出現過錯。姑備參考。譯文從前一說。❼形：外表，與下句「心」相對文。就：靠攏，親近。❽和：順，含有順其本性的意思，近似於疏導的含意。❾之：這。❿入：關係太深。⓫出：超出，過於顯露，與上句「入」字對文。⓬顛：仆倒，墜落。⓭崩：毀壞。蹶：失敗，挫折。聯繫前一句，「顛」、「滅」、「崩」、「蹶」均用指「形就而入」可能造成的惡果。⓮爲：爲了。本句兩個「爲」字跟上下三句的另六個「爲」字含意不同，其他六個「爲」字均是造成、招致的意思。⓯孽：災害。⓰町畦：田間的界路，喻指分界、界線。⓱崖：山邊或岸邊，「無崖」喻指無邊，沒有約束。⓲達：通達，指通過疏導與衞太子思想相通，逐步地使他走上正途。⓳疵：病，這裡指行動上的過失。⓴怒：奮起。當：阻擋，這個意義後代寫作「擋」。轍：車輪行過的印記。「車轍」猶言「車輪」。㉑是其才之美：即「以其才之美爲是」，即自恃才能太高。㉒積：長期不斷地。伐：誇耀。而：你。㉓幾：危險。㉔生物：活物。㉕爲其殺之之怒也：唯恐它撲殺活物時而誘發殘殺生物的怒氣。㉖決：裂，撕開。㉗達：通曉、了解。㉘異類：不同類。媚：喜愛。㉙逆：反，觸犯。㉚矢：屎，糞便。㉛蜄：大蛤，這裡指蛤殼。溺：尿。㉜蚉寍：「蚊」、「虻」兩字之異體，即牛虻。仆緣：附著，指叮在馬身上。㉝拊：拍擊。㉞銜：馬勒口，「缺銜」指咬斷了勒口。首：轡頭，「毀首」指掙斷了轡頭。胸：胸飾，「碎胸」指弄壞了絡飾。㉟亡：失。「意有所至」是說本意在於愛馬，「愛有所亡」是說失其所愛，適得其反。

【譯 文】

顏闔將被請去做衛國太子的師傅，他向衛國賢大夫蘧伯玉求教：「如今有這樣一個人，他的德行生就凶殘嗜殺。跟他朝夕與共如果不能符合法度與規範，勢必危害自己的國家；如果合乎法度和規範，那又會危害自身。他的智慧足以了解別人的過失，卻不了解別人爲什麼會出現過錯。像這樣的情況，我將怎麼辦呢？」

蘧伯玉說：「問得好啊！要警惕，要謹愼，首先要端正你自己！表面上不如順從依就以示親近，內心裡不如順其秉性暗暗疏導。即使這樣，這兩種態度仍有隱患。親附他不要關係過密，疏導他不要心意太露。外表親附到關係過密，會招致顛仆毀滅，招致崩潰失敗。內心順性疏導顯得太露，將被認爲是爲了名聲，也會招致禍害。他如果像個天眞的孩子一樣，你也姑且跟他一樣像個無知無識的孩子；他如果同你不分界線，那你也就跟他不分界線。他如果跟你無拘無束，那麼你也姑且跟他一樣無拘無束。慢慢地將他思想疏通引入正軌，便可進一步達到沒有過錯的地步。」

「你不了解那螳螂嗎？奮起它的臂膀去阻擋滾動的車輪，不明白自己的力量全然不能勝任，還自以爲才高智盛很有力量。警惕呀，謹愼呀！經常誇耀自己的才智而觸犯了他，就危險了！你不了解那養虎的人嗎？他從不敢用活物去餵養老虎，因爲他擔心撲殺活物會激起老虎凶殘的怒氣；他也從不敢用整個的動物去餵養老虎，因爲他擔心撕裂動物也會誘發老虎凶殘的怒氣。知道老虎饑飽的時刻，通曉老虎暴戾凶殘的秉性。老虎與人不同類卻向飼養人搖尾乞憐，原因就是養老虎的人能順應老虎的性子，而那些遭到虐殺的人，是因爲觸犯了老虎的性情。」

「愛馬的人，以精細的竹筐裝馬糞，用珍貴的蛤殼接馬尿。剛巧一隻牛虻叮在馬身上，愛馬之人出於愛惜隨手拍擊，沒想到馬兒受驚便咬斷勒口、掙斷轡頭、弄壞胸絡。意在愛馬卻失其所愛，能夠不謹愼嗎！」

匠石之齊[1]，至於曲轅，見櫟社樹[2]。其大蔽數千牛，絜之百圍[3]，其高臨山[4]，十仞而後有枝[5]，其可以爲舟者旁十數[6]。觀者如市，匠伯不顧[7]，遂行不輟[8]。弟子厭觀之[9]，走及匠石[10]，曰：「自吾執斧斤以隨夫子[11]，未嘗見材如此其美也。先生不肯視，行不輟，何邪？」曰：「已矣[12]，勿言之矣！散木也[13]，以爲舟則沈[14]，以爲棺槨則速腐[15]，以爲器則速毀，以爲門戶則液樠[16]，以爲柱則蠹[17]。是不材之木也，無所可用，故能若是之壽[18]。」

匠石歸，櫟社見夢曰[19]：「女將惡乎比予哉[20]？若將比予於文木邪[21]？夫柤梨橘柚[22]，果蓏之屬[23]，實熟則剝[24]，剝則辱[25]；大枝折，小枝泄[26]。此以其能苦其生者也[27]，故不終其天年而中道夭，自掊擊於世俗者也[28]。物莫不若是。且予求無所可用久矣，幾死，乃今得之，爲予大用㉙。使予也而有用，且得有此大也邪？且也若與予也皆物也，奈何哉其相物也㉚？而幾死之散人㉛，又惡知散木！」

匠石覺而診其夢㉜。弟子曰：「趣取無用㉝，則爲社何邪㉞？」曰：「密㉟！若無言！彼亦直寄焉㊱，以爲不知己者詬厲也㊲。不爲社者，且幾有翦乎㊳！且也彼其所保與眾異，而以義喻之㊴，不亦遠乎！」

【注釋】

❶匠石：名叫「石」的匠人。之：往。❷櫟：樹名。社：土神。「櫟社樹」意思是把櫟樹當作社神。❸絜：用繩子計量周圍。圍：周長一尺。❹臨山：接近山巔。❺仞：八尺。❻旁：通作「方」，且，將的意思。❼匠伯：即匠石。「伯」這裡用指工匠之長。❽輟：中止，停。❾厭：滿足，這個意義後代寫作「饜」。「厭觀」意思是看了個夠。❿走：跑。及：趕上。⓫斤：斧之一種，後稱「鐵」，即橫口斧。⓬已：止。「已矣」猶言「算了」。⓭散木：指不成材的樹木。⓮以爲：即「以之爲」，把它做成。沈：同「沉」。⓯槨：「椁」字的異體，指棺外的套棺。⓰戶：單扇的門。液：浸漬。樠：松木心。「液樠」意思是像松木心那樣液出樹脂。一說爲一樹名，其心似松。⓱蠹：蛀蝕。⓲若是之壽：像這樣的長壽。

⑲見：拜見。「見夢」即夢中會見。⑳比：比並，相提並論。「比予」即跟我相提並論。㉑文：紋理，這個意義後代寫作「紋」。「文木」即可用之木。㉒柤：楂。㉓蓏：瓜類植物的果實。屬：類。㉔實：果實。剝：通作「攴」，用器物輕輕打落在地。㉕辱：屈，意思是果樹摘落果實後枝幹就隨意受人摧殘。㉖泄：通作「抴」，「抴」亦寫作「拽」，用力拉的意思。㉗以：因。苦其一生：使其一生受苦。㉘掊：打。㉙爲予大用：這裡隱含有「積無用而爲大用」的哲理。正因爲被人們視爲無用之材，所以才保全了自身，這才成就我最大的用處。㉚相：看待。㉛散人：不成材的人，相對「散木」說的。㉜診：通作「眕」，告訴的意思。㉝趣：意趣。「趣取」就是意在求取。㉞爲社何：意思是爲什麼做社樹而讓世人供奉。㉟密：默，猶言「閉嘴」。㊱直：通作「特」，僅只的意思。㊲詬厲：辱罵、傷害。㊳翦：斬伐。㊴義：常理。喻：了解。

【譯 文】

匠人石去齊國，來到曲轅這個地方，看見一棵被世人當作神社的櫟樹。這棵櫟樹樹冠大到可以遮蔽數千頭牛，用繩子繞著量一量樹幹，足有十丈粗，樹梢高臨山巔，離地面八十尺處方才分枝，用它來造船可造十餘艘。觀賞的人群像趕集似地湧來湧去，而這位匠人連瞧也不瞧一眼，不停步地往前走。他的徒弟站在樹旁看了個夠，跑著趕上了匠人石，說：「自我拿起刀斧跟隨先生，從不曾見過這樣壯美的樹木。可是先生卻不肯看一眼，不住腳地往前走，爲什麼呢？」匠人石回答說：「算了，不要再說它了！這是一棵什麼用處也沒有的樹，用它做成船定會沉沒，用它做成棺槨定會很快朽爛，用它做成器皿定會很快毀壞，用它做成屋門定會流脂而不合縫，用它做成屋柱定會被蟲蛀蝕。這是不能取材的樹，沒有什麼用處，所以它才能有如此壽延。」

匠人石回到家裡，夢見社樹對他說：「你將用什麼東西跟我相提並論呢？你打算拿可用之木來跟我相比嗎？那楂、梨、橘、柚都屬於果樹，果實成熟就會被打落在地，打落果子以後枝幹也就會遭受摧殘，大的枝幹被折斷，小的枝椏被拽下來。這就是因爲它們能結出鮮美果實才苦了自己的一生，所以常常不能終享天年而半途夭折，自身招來了世俗人們的打擊。各種事物莫不如此。而且我尋求沒有什麼用處的辦法已經很久很久了，幾乎被砍死，這才保全住性命，無用也就成了我最大的用處。假如我果眞是有用，還能夠獲得延年益壽這一最大的用處嗎？況且你和我都是『物』，你這樣看待事物怎麼可以呢？你不過是幾近死亡的沒有用處的人，又怎麼會眞正懂得沒有用處的樹木呢！」

匠人石醒來後把夢中的情況告訴給他的弟子。弟子說：「旨意在於求取無用，那麼又做什麼社樹讓世人瞻仰呢？」匠人石說：「閉嘴，別說了！它只不過是在寄託罷了，反而招致不了解自己的人的辱罵和傷害。如果它不做社樹的話，它還不遭到砍伐嗎？況且它用來保全自己的辦法與眾不同，而用常理來了解它，可不就相去太遠了嗎！」

南伯子綦遊乎商之丘❶，見大木焉有異，結駟千乘❷，隱將芘其所藾❸。子綦曰：「此何木也哉？此必有異材夫！」仰而視其細枝，則拳曲而不可以爲棟梁❹；俯而視其大根，則軸解而不可以爲棺槨❺；咶其葉❻，則口爛而爲傷；嗅之，則使人狂酲❼，三日而不已❽」。子綦曰：「此果不材之木也，以至於此其大也。嗟乎神人❾，以此不材❿！」宋有荊氏者⓫，宜楸柏桑。其拱把而上者⓬，求狙猴之杙者斬之⓭；三圍四圍⓮，求高明之麗者斬之⓯；七圍八圍，貴人富商之家求樿傍者斬之⓰。故未終其天年，而中道之夭於斧斤，此材之患也。故解之以牛之白顙者與豚之亢鼻者⓱，與人有痔病者不可以適河⓲。此皆巫祝以知之矣⓳，所以爲不祥也⓴。此乃神人之所以爲大祥也。

【注釋】

❶南伯子綦：人名，莊子寓言中人物。商之丘：即商丘，在今河南省，地名。❷駟：一輛車套上四匹馬。❸芘：通作「庇」，蔭庇的意思。藾：蔭蔽。❹拳曲：彎彎曲曲的樣子。❺軸：指木心。解：裂開。「軸解」意思是從木心向外裂開。一說「解」講作「散」，指紋理鬆散不可用。槨：「椁」字的異體，外棺。❻咶：通作「舐」，用舌舔。❼酲：酒醉。❽已：止。❾嗟乎：感嘆聲。❿以：如，這個意義後代寫作「似」。⓫荊氏：地名。⓬拱：兩手相合。把：一手所握。⓭杙：小木樁，用來繫牲畜的。斬：指砍伐。⓮圍：一

說指兩臂合抱的長度。一說兩手拇指和食指合攏起來的長度。⑮高名：指地位高貴名聲顯赫的人家。麗：通作「欐」，棟：即屋之中樑。⑯樿傍：指由獨幅做成的棺木左右扇。⑰解之：指祈禱神靈以消災。顙：額。亢：高。「亢鼻」指鼻孔上仰。古人以高鼻折額、毛色不純的牲畜和痔漏的人爲不潔淨，因而不用於祭祀。⑱適：沉入河中以祭神。⑲巫祝：巫師。⑳以爲：認爲。

【譯　文】

南伯子綦在商丘一帶遊樂，看見長著一棵出奇的大樹，上千輛駕著四馬的大車，蔭蔽在大樹樹蔭下歇息。子綦說：「這是什麼樹呢？這樹一定有特異的材質啊！」仰頭觀看大樹的樹枝，彎彎扭扭的樹枝並不可以用來做棟梁；低頭觀看大樹的主幹，樹心直到表皮旋著裂口並不可用來做棺槨；用舌舔一舔樹葉，口舌潰爛受傷；用鼻聞一聞氣味，使人像喝多了酒，三天三夜還醒不過來。

子綦說：「這果眞是什麼用處也沒有的樹木，以至長到這麼高大。唉，精神世界完全超脱物外的『神人』，就像這不成材的樹木呢！」宋國有個叫荊氏的地方，很適合楸樹、柏樹、桑樹的生長。樹幹長到一兩把粗，做繫猴子的木樁的人便把樹木砍去；樹幹長到三、四圍粗，地位高貴名聲顯赫的人家尋求建屋的大樑便把樹木砍去；樹幹長到七、八圍粗，達官貴人富家商賈尋找整幅的棺木又把樹木砍去。所以它們始終不能終享天年，而是半道上被刀斧砍伐而短命。這就是材質有用帶來的禍患。因此古人祈禱神靈消除災害，總不把白色額頭的牛、高鼻折額的豬以及患有痔漏疾病的人沉入河中去用作祭奠。這些情況巫師全都了解，認爲他們都是很不吉祥的。不過這正是「神人」所認爲的世上最大的吉祥。

支離疏者❶，頤隱於臍❷，肩高於頂，會撮指天❸，五管在上❹，兩髀爲脅❺。挫鍼治繲❻，足以餬口；鼓筴播精❼，足以食十人。上徵武士❽，則支離攘臂而遊於其間❾；上有大役，則支離以有常疾不受功❿；上與病者粟，則受三鍾與十束薪⓫。夫支離其形者，猶足以養其身，終其天年，又況支離其德者乎？

【注釋】

❶支離疏：假託的人名。「支離」隱含形體不全的意思，「疏」隱含泯滅其智的意思。❷頤：下巴。臍：肚臍。❸會撮：髮髻。因爲脊背彎曲，所以髮髻朝天。❹五管：五官。舊說指五臟的脈穴。❺髀：股骨，這裡指大腿。脅：腋下肋骨所在的部位。❻鍼：「針」字的異體。「挫鍼」即縫衣。繲：洗衣。❼鼓：簸動。筴：小簸箕。播：揚去灰土與糠屑。❽上：指國君、統治者。❾攘：捋。「攘臂」指捋起衣袖伸長手臂。❿以：因。常疾：殘疾。功：通作「工」，指勞役之事。⓫鍾：古代糧食計量單位，合六斛四斗。

【譯文】

有個名叫支離疏的人，下巴隱藏在肚臍下，雙肩高於頭頂，後腦下的髮髻指向天空，五官的出口也都向上，兩條大腿和兩邊的胸肋並生在一起。他給人縫衣漿洗，足夠餬口度日；又替人篩糠簸米，足可養活十口人。國君徵兵時，支離疏捋袖揚臂在徵兵人面前走來走去；國君有大的差役，支離疏因身有殘疾而免除勞役；國君向殘疾人賑濟米粟，支離疏還領得三鍾糧食十捆柴草。像支離疏那樣形體殘缺不全的人，還足以養活自己，終享天年，又何況像形體殘缺不全那樣的德行呢！

孔子適楚❶，楚狂接輿游其門曰❷：「鳳兮鳳兮❸，何如德之衰也❹！來世不可待，往世不可追也。天下有道❺，聖人成焉❻；天下無道，聖人生焉。方今之時，僅免刑焉。福輕乎羽❼，莫之知載❽；禍重乎地，莫之知避。已乎已乎❾，臨人以德！殆乎殆乎，畫地而趨❿！迷陽迷陽⓫，無傷吾行！吾行郤曲⓬，無傷吾足。」

山木自寇也⓭，膏火自煎也⓮。桂可食⓯，故伐之；漆可用，故割之。人皆知有用之用，而莫知無用之用也。

【注釋】

❶適：往。❷楚狂接輿：楚國的隱士，相傳姓陸名通，接輿爲字。❸鳳：鳳鳥，這裡用來比喻孔子。❹何如：如何，怎麼。之：往。全句大意是，怎麼懷有聖德卻來到這衰

亂之國。一說「如」通作「爾」，全句講作怎麼你的德行衰敗了。姑備參考。❺有道：指順應規律使社會得到治理。下句的「無道」則與此相反。❻成：指成就了事業。❼乎：於，比。❽莫：不。載：取。❾已矣：即「算了」。❿畫地：在地面上畫出道路來。喻指人爲的規範讓人們去遵循。⓫迷陽：指荆棘。⓬郤曲：屈曲，指道路曲折難行。根據上句結構特點，「吾行郤曲」當與「迷陽迷陽」結構相同，而「吾行」很可能是傳抄時誤迭，則全句當是「郤曲郤曲」。⓭寇：侵犯，掠奪。「自寇」意思是自取砍伐。⓮膏：油脂。「自煎」意思是自取熔煎。⓯桂：樹名，其皮可作香料。

【譯文】

孔子去到楚國，楚國隱士接輿有意來到孔子門前，說：「鳳鳥啊，鳳鳥啊！你怎麼懷有大德卻來到這衰敗的國家！未來的世界不可期待，過去的時日無法追回。天下得到了治理，聖人便成就了事業；國君昏暗天下混亂，聖人也只得順應潮流苟全生存。當今這個時代，怕就只能免遭刑辱。幸福比羽毛還輕，而不知道怎麼取得；禍患比大地還重，而不知道怎麼迴避。算了吧，算了吧！不要在人前宣揚你的德行！危險啊！危險啊！人爲地劃出一條道路讓人們去遵循！遍地的荆棘啊，不要妨礙我的行走！曲曲彎彎的道路啊，不要傷害我的雙腳！」

山上的樹木皆因材質可用而自身招致砍伐，油脂燃起燭火皆因可以燃燒照明而自取熔煎。桂樹皮芳香可以食用，因而遭到砍伐，樹漆因爲可以派上用場，所以遭受刀斧割裂。人們都知道有用的用處，卻不懂得無用的更大用處。

德充符

卷五

導讀

本篇的中心在於討論人的精神世界，應該怎樣反映宇宙萬物的本原觀念和一體性觀念。莊子在本篇裡所說的「德」，並非通常理解的道德或者德行，而是指一種心態。莊子認爲宇宙萬物均源於「道」，而萬事萬物盡管千差萬別，歸根到底又都渾然爲一，從這兩點出發，體現在人的觀念形態上便應是「忘形」與「忘情」。所謂「忘形」就是物我俱化，死生同一；所謂「忘情」就是不存在寵辱、貴賤、好惡、是非。這種「忘形」與「忘情」的精神狀態就是莊子筆下的「德」。「充」指充實，「符」則是證驗的意思。

爲了說明「德」的充實與證驗，文章想像出一系列外貌奇醜或形體殘缺不全的人，但是他們的「德」又極爲充實，這樣就組成了自成部分的五個小故事；孔子爲王駘所折服，申徒嘉使子產感到羞愧，孔子的內心比叔山無趾更爲醜陋，孔子向魯哀公稱頌哀駘它，闉跂支離無脤和甕盎大癭爲國君所喜愛。五個小故事之後又用莊子和惠子的對話作爲結尾，即第六部分，在莊子的眼裡惠子恰是「德」充符的反證，還趕不上那些貌醜形殘的人。

魯有兀者王駘❶，從之遊者與仲尼相若。常季問於仲尼曰❷：

「王駘。兀者也。從之遊者與夫子中分魯[3]，立不教，坐不議；虛而往，實而歸。固有不言之教，無形而心成者邪[4]？是何人也？」仲尼曰：「夫子，聖人也，丘也直後而未往耳[5]。丘將以爲師，而況不若丘者乎！奚假魯國[6]！丘將引天下而與從之。」

常季曰：「彼兀者也，而王先生[7]，其與庸亦遠矣[8]。若然者，其用心也獨若之何[9]？」仲尼曰：「死生亦大矣，而不得與之變，雖天地覆墜，亦將不與之遺[10]。審乎無假而不與物遷[11]，命物之化而守其宗也[12]。」常季曰：「何謂也？」仲尼曰：「自其異者視之，肝膽楚越也[13]；自其同者視之，萬物皆一也[14]。夫若然者，且不知耳目之所宜[15]，而遊心乎德之和[16]；物視其所一而不見其所喪[17]，視喪其足猶遺土也[18]。」

常季曰：「彼爲己以其知[19]，得其心以其心[20]。得其常心[21]，物何爲最之哉㉒？」仲尼曰：「人莫鑑於流水而鑑於止水㉓，唯止能止眾止㉔。受命於地㉕，唯松柏獨也在冬夏青青；受命於天，唯舜獨也正，幸能正生㉖，以正眾生。夫保始之徵㉗，不懼之實；勇士一人，雄入於九軍㉘。將求名而能自要者㉙，而猶若是，而況官天地㉚，府萬物㉛，直寓六骸㉜，象耳目㉝，一知之所知㉞，而心未嘗死者乎！彼且擇日而登假㉟，人則從是也。彼且何肎以物爲事乎㊱！」

【注釋】

❶兀：通作「刖」，斷足的刑法。「兀者」指受過刖刑只有一隻腳的人。王駘：假託的人名。

❷常季：魯國賢人，傳說爲孔子弟子。❸中分魯：在魯國平分，意思是在魯國彼此間差不多，不分上下。❹無形：不具有完整的形體。心成：內心世界達到成熟的境界。一說「無形」指不須用形表，「心成」指潛移默化。❺直：通作「特」，僅只的意思。後：意思是落在對方的後面。❻奚：何。假：已，只。❼王：突出、超過的意思；「王先生」即遠遠超過了先生。❽庸：平庸，這裡指平常的人，「其與庸亦遠矣」，是說他跟平常人相比也就相差很遠很遠了。❾若之何：如何，怎麼樣。❿遺：失。「不與之遺」是說不會隨著天翻地覆的情況而喪失。⓫審：明悉，通曉。假：憑依，「無假」即是「無待」。舊注「假」通

作「瑕」，指審度自己沒有一點兒毛病；姑備參考。⑫命：任。「命物之化」就是所任事物的變化。宗：本，主旨。⑬肝膽楚越：肝膽兩種器官緊緊相連，楚越兩國相去甚遠，喻指鄰近的肝膽同於一體之中也像是楚越那樣相去甚遠。⑭一：同一，一樣的。⑮耳目之所宜：指適宜於聽覺、視覺的東西。⑯遊心：使心靈自由馳騁遨遊。和：混同。⑰所一：同一的方面。所喪：失去而引起差異的一面。⑱遺土：失落土塊。⑲以下四句很不好理解，各家斷句也不一致，這裡取傳統的斷句方法。爲己：即修己。知：智慧。「爲己以其知」即「以其知爲己」，意思是運用自己的才智來修養自己。⑳得其心以其心：即以其心得其心，大意是，用自己的心智去求取自己的理念。㉑常心：眞常之心，即忘知忘覺，無思無慮的心境。㉒物：外物，這裡指眾多的門徒。何爲：爲何，爲什麼。最：聚集。㉓鑑：「鑒」字的異體，照看，審察的意思。遠古無鏡子，人們對著盛有水的器皿照看就像今天照鏡子一樣，故有「鑑於止水」而「莫鑑於流水」的說法。㉔唯止能止眾止：唯有靜止之物方能照人，方能使別的什麼東西也靜止下來。㉕以下四句有的版本爲六句：「受命於地，唯松柏獨也正，在冬夏青青；受命於天，唯堯舜獨也正。在萬物之首」，句式要工整得多，姑備參考。㉖正生：即正己，指端正自己的品行。下句「正眾生」即端正他人的品行。㉗始：本初之態。徵：迹象。㉘九：非實數，「九軍」猶言千軍萬馬。一說天子六軍，諸侯三軍，故名九軍。㉙要：通作「徼」，求取的意思。㉚官：主宰。㉛府：包藏。㉜寓六骸：把自身的軀體當作寓所。㉝象：表象。㉞一知：自然賦予的智慧。㉟假：通作「格」，陟升的意思。㊱肎：「肯」字之古本字。

【譯 文】

魯國有個被砍掉一隻脚的人，名叫王駘，可是跟從他學習的人卻跟孔子的門徒一樣多。孔子的學生常季向孔子問道：「王駘是個被砍去了一隻脚的人，跟從他學習的人在魯國卻和先生的弟子相當。他站著不能給人教誨，坐著不能議論大事；弟子們卻空懷而來，學滿而歸。難道確有不用言表的教導，身殘體穢內心世界也能達到成熟的境界嗎？這又是什麼樣的人呢？」孔子回答說：「王駘先生是一位聖人，我的學識和品行都落後於他，只是還沒有前去請教他罷了。我將把他當作老師，何況學識和品行都不如我孔丘的人呢！何止魯國，我將引領天下的人跟從他學習。」

常季說：「他是一個被砍去了一隻腳的人，而學識和品行竟超過了先生，跟平常人相比相差就更遠了。像這樣的人，他運用心智是怎樣與眾不同的呢？」仲尼回答說：「死或生都是人生變化中的大事了，可是死或生都不能使他隨之變化；即使天翻過來地墜下去，他也不會因此而喪失、毀滅。他通曉無所依憑的道理而不隨物變遷，聽任事物變化而信守自己的要旨。」常季說：「這是什麼意思呢？」孔子說：「從事物千差萬別的一面去看，鄰近的肝膽雖同處於一體之中也像是楚國和越國那樣相距很遠；從事物都有相同的一面去看，萬事萬物又都是同一的。像這樣的人，將不知道耳朵眼睛最適宜何種聲音和色彩，而讓自己的心思自由自在地遨遊在忘形、忘情的渾同境域之中。外物看到了它同一的方面卻看不到它因失去而引起差異的一面，因而看到喪失了一隻腳就像是失落了土塊一樣。」

常季說：「他運用自己的智慧來提高自己的道德修養，他運用自己的心智去追求自己的理念。如果達到了忘情、忘形的境界，眾多的弟子爲什麼還聚集在他的身邊呢？」孔子回答說：「一個人不能在流動的水面照見自己的身影而是要面向靜止的水面，只有靜止的事物才能使別的事物也靜止下來。各種樹木都受命於地，但只有松樹、柏樹無論冬夏都鬱鬱青青；每個人都受命於天，但只有虞舜道德品行最爲端正。幸而他們都善於端正自己的品行，因而能端正他人的品行。保全本初時的迹象，心懷無所畏懼的膽識，勇士隻身一人，也敢稱雄於千軍萬馬。一心追逐名利而自我索求的人，尚且能夠這樣，何況那主宰天地，包藏萬物，只不過把軀體當作寓所，把耳目當作外表，掌握了自然賦予的智慧所通解的道理，而精神世界又從不曾有過衰竭的人呢！他定將選擇好日子升登最高的境界，人們將緊緊地跟隨著他。他還怎麼會把聚合眾多弟子當成一回事呢！」

申徒嘉，兀者也，而與鄭子產同師於伯昏無人❶。子產謂申徒嘉曰：「我先出則子止❷，子先出則我止。」其明日，又與合堂同席而坐。子產謂申徒嘉曰：「我先出則子止，子先出則我止。今我將出，子可以止乎，其未邪❸？且子見執政而不違❹，子齊執政乎❺？」申徒嘉曰：「先生之門，固有執政焉如此哉❻？子而說子之執政而後人者也❼？聞之曰：『鑑明則塵垢不止，止則不明也。久與賢人處則無過。』今子之所取大者❽，先生也，而猶出言若是，不亦過乎？」

子產曰：「子既若是矣，猶與堯爭善，計子之德不足以自反邪❾？」申徒嘉曰：「自狀其過以不當亡者眾❿，不狀其過以不當存者寡。知不可奈何而安之若命，唯有德者能之。遊於羿之彀中⑪，中央者，中地也⑫，然而不中者，命也。人以其全足笑吾不全足者多矣，我怫然而怒⑬；而適先生之所⑭，則廢然而反⑮。不知先生之洗我以善邪⑯？吾與夫子遊十九年矣⑰，而未嘗知吾兀者也。今子與我遊於形骸之內⑱，而子索我於形骸之外⑲，不亦過乎？」子產蹴然改容更貌曰⑳：「子無乃稱㉑！」

【注釋】

❶鄭子產：鄭國的大政治家。伯昏無人：假託的人名。❷止：停止，留下。❸其：還是、抑或。❹執政：子產曾是鄭國執政大臣，故有此說。違：迴避。申徒嘉爲一兀者，地位低下而子產位尊，不願與之同步，故有先出、留止的一段話。❺齊：跟……齊一、一樣，向……看齊：「齊執政」意思是跟執政大臣齊一，即把自己看得跟執政大臣一樣。❻固：豈。全句大意是，哪有執掌政務的大臣如此拜師從學的呢？言外之意是，伯昏無人門下沒有貴賤之分，要分貴賤就不會到這裡來拜師從學。❼說：通作「悅」，喜悅。後人：以別人爲後，含有瞧不起別人的意思。❽大者：這裡指廣博精深的見識。❾計：計算，估量。反：反省。這句語意有所隱含，好像是說受過刑斷還不足以使自己有所反省嗎？❿狀：陳述，含有爲自己的過失辯解的意思。其過：自己的過失。以：認爲。亡：丟失、失去，這裡指使身體殘缺，與下句「存」字表示保全的含義相對應。⓫羿：古代神話傳說

中的善射者。彀：張滿弓弩。「彀中」指弓箭射程範圍之內，喻指人們生活的社會範圍。⓬中地：最易射中的地方。⓭怫然：勃然，發怒時盛氣的樣子。⓮先生：指伯昏無人。所：寓所。⓯廢然：怒氣消失的樣子。反：返，指回復到原有的正常神態。⓰洗我以善：即以善洗我，用善道來教誨我。⓱夫子：指伯昏無人。⓲形骸之內：指人的精神世界。「遊於形骸之內」即以德相交，精神世界相通。⓳形骸之外：指人的外在形體。索：要求。⓴蹴然：恭敬不安的樣子。更：更改。㉑乃：仍。稱：說。

【譯　文】

申徒嘉是個被砍掉了一隻脚的人，跟鄭國的子產同拜伯昏無人爲師。子產對申徒嘉說：「我先出去那麼你就留下，你先出去那麼我就留下。」到了第二天，子產和申徒嘉同在一個屋子裡、同在一條席子上坐著。子產又對申徒嘉說：「我先出去那麼你就留下，你先出去那麼我就留下。現在我將出去，你可以留下嗎，抑或是不留下呢？你見了我這執掌政務的大官卻不知道迴避，你把自己看得跟我執政的大臣一樣嗎？」申徒嘉說：「伯昏無人先生的門下，哪有執政大臣拜師從學的呢？你津津樂道執政大臣的地位而不把別人放在眼裡嗎？我聽說這樣的話：『鏡子明亮塵垢就沒有停留在上面，塵垢落在上面鏡子也就不會明亮。長久地跟賢人相處便會沒有過錯』。你拜師從學追求廣博精深的見識，正是先生所倡導的大道。而你竟說出這樣的話，不是完全錯了嗎！」

子產說：「你已經如此形殘體缺，還要跟唐堯爭比善心，你估量你的德行，受過斷足之刑還不足以使你有所反省嗎？」申徒嘉說：「自個兒陳述或辯解自己的過錯，認爲自己不應當形殘體缺的人很多；不陳述或辯解自己的過錯，認爲自己不應當形整體全的人很少。懂得事物之無可奈何，安於自己的境遇並視如命運安排的那樣，只有有德的人才能做到這一點。一個人來到世上就像來到善射的后羿張弓搭箭的射程之內，中央的地方也就是最容易中靶的地方，然而卻沒有射中，這就是命。用完整的雙腳笑話我殘缺不全的人很多，我常常臉色陡變怒氣塡胸；可是只要來到伯昏無人先生的寓所，我便怒氣消失回到正常的神態。眞不知道先生用什麼善道來洗刷我的呢？我跟隨先生十九年了，可是先生從不曾感到我是個斷了腳的人。如今你跟我心靈相通、以德相交，而你卻用外在的形體來要求我，這不又完全錯了嗎？」子產聽了申徒嘉一席話深感慚愧，臉色頓改而恭敬地說：「你不要再說下去了！」

魯有兀者叔山無趾，踵見仲尼❶。仲尼曰：「子不謹，前既犯患若是矣。雖今來，何及矣❷！」無趾曰：「吾唯不知務而輕用吾身❸，吾是以亡足。今吾來也，猶有尊足者存❹，吾是以務全之也❺。夫天無不覆❻，地無不載，吾以夫子爲天地，安知夫子之猶若是也！」孔子曰：「丘則陋矣❼。夫子胡不入乎，請講以所聞！」無趾出。孔子曰：「弟子勉之！夫無趾，兀者也，猶務學以復補前行之惡，而況全德之人乎❽！」

無趾語老聃曰❾：「孔丘之於至人，其未邪？彼何賓賓以學子爲⑩？彼且蘄以諔詭幻怪之名聞⑪，不知至人之以是爲己桎梏邪⑫？」老聃曰：「胡不直使彼以死生爲一條⑬，以可不可爲一貫者⑭，解其桎梏，其可乎？」無趾曰：「天刑之⑮，安可解！」

【注　釋】

❶踵：腳後跟，這裡指用腳後跟走路。叔山無趾被刑斷腳趾，所以只能用腳後跟來走路。❷何及：怎麼趕得上。言外之意怎麼能夠補救。❸不知務：猶言不通曉事理。❹尊足：即尊於足，「尊足者」意思是比腳更尊貴的東西，這裡指道德修養。❺務：務求，努力做到。❻無：莫，沒有什麼。❼陋：淺薄固陋。❽全德：保全了道德修養。一說「全德」即全體，指形體沒有殘缺。以上下文意看，後說更合理些。❾老聃：即老子，姓李，名聃。❿賓賓：頻頻。學子：即學於子，向老聃請教。⑪蘄：求。諔詭：奇異。「諔詭幻怪」四字詞義相近，都含有奇特、怪異、虛妄的意思。⑫桎梏：古代的一種刑具，猶如今言腳鐐手銬，喻指束縛自己的工具。⑬一條：一致，一樣的。⑭貫：通。「一貫」即齊一相通。⑮天：自然。刑：這裡講作「懲罰」的意思。

【譯　文】

魯國有個被砍去脚趾的人，名叫叔山無趾，靠脚後跟走路去拜見孔子。孔子對他說：「你極不謹愼，早先犯了過錯才留下如此的後果。雖然今天你來到我這裡，可是怎麼能夠追回以往呢！」叔山無趾說：「我只因不識事理而輕率作踐自身，所以才失掉了兩隻脚趾。如今我來到你這裡，還保有比雙脚更爲可貴的道德修養，所以我想竭力保全它。蒼天沒有什麼不覆蓋，大地沒有什麼不托載，我把先生看作天地，哪知先生竟是這樣的人！」孔子說：「我孔丘實在淺薄。先生怎麼不進來呢，請把你所知曉的道理講一講。」叔山無趾走了。孔子對他的弟子說：「你們要努力啊！叔山無趾是一個被砍掉腳趾的人，他還努力進學來補救先前做過的錯事，何況道德品行乃至身形體態都沒有什麼缺欠的人呢！」

叔山無趾對老子說：「孔子作爲一個道德修養至尚的人，恐怕還未能達到吧？他爲什麼不停地來向你求教呢？他還在祈求奇異虛妄的名聲能傳揚於外，難道不懂得道德修養至尚的人總是把這一切看作是束縛自己的枷鎖嗎？」老子說：「怎麼不逕直讓他把生和死看成一樣，把可以與不可以看作是齊一的，從而解脫他的枷鎖，這樣恐怕也就可以了吧？」叔山無趾說：「這是上天加給他的處罰，哪裡可以解脫！」

魯哀公問於仲尼曰：「衛有惡人焉❶，曰哀駘它❷。丈夫與之處者❸，思而不能去也❹。婦人見之，請於父母曰『與爲人妻，寧爲夫子妾』者，十數而未止也。未嘗有聞其唱者也❺，常和人而已矣。無君人之位以濟乎人之死❻，無聚祿以望人之腹❼。又以惡駭天下❽，和而不唱，知不出乎四域❾，且而雌雄合乎前❿，是必有異乎人者也。寡人召而觀之⓫，果以惡駭天下。與寡人處，不至以月數，而寡人有意乎其爲人也[12]；不至乎期年[13]，而寡人信之。國無宰[14]，寡人傳國焉。悶然而後應[15]，氾而若辭[16]，寡人醜乎，卒授之國。無幾何也，去寡人而行，寡人卹焉若有亡也[17]，若無與樂是國也。是何人者也？」

仲尼曰：「丘也常使於楚矣[18]，適見㹠子食於其死母者[19]，少焉眴若皆棄之而走[20]。不見己焉爾，不得類焉爾。所愛其母者，非愛其形也，愛使其形者也[21]。戰而死者，其人之葬也不以翣資[22]；刖者之屨[23]，無爲愛之；皆無其本矣。爲天子之諸御[24]，不爪翦[25]，不穿耳；取妻者止於外[26]，不得復使。形全猶足以爲爾[27]，而況全德之人乎！今哀駘它未言而信，無功而親，使人授己國，唯恐其不受也，是必才全而德不形者也[28]。」

哀公曰：「何謂才全？」仲尼曰：「死生存亡，窮達貧富[29]，賢與不肖毀譽，飢渴寒暑，是事之變，命之行也㉚；日夜相代乎前㉛，而知不能規乎其始者也㉜。故不足以滑和㉝，不可入於靈府㉞。使之和豫㉟，通而不失於兌㊱，使日夜無郤而與物爲春㊲，是接而生時於心者也㊳。是之謂才全。」「何謂德不形？」曰：「平者，水停之盛也。其可以爲法也㊴，內保之而外不蕩也㊵。德者，成和之脩也㊶。德不形者，物不能離也。」

哀公異日以告閔子曰㊷：「始也吾以南面而君天下，執民之紀而憂其死㊸，吾自以爲至通矣。今吾聞至人之言，恐吾無其實，輕用吾身而亡其國。吾與孔丘，非君臣也，德友而已矣。」

【注釋】

❶惡人：醜陋的人。❷哀駘它：虛構的人名。❸丈夫：古代成年男子的通稱。❹去：離開。❺唱：唱導，前導，跟下句的「和」相對應。❻君人之位：即統治別人的地位。濟：救助。❼祿：俸祿，這裡泛指財物。望：月兒滿圓，這裡引申用其飽滿之義，「望人之腹」即使人人都能吃飽。❽駭：驚擾。❾四域：四周的鄰界。❿雌雄：這裡泛指婦女和男

人。合：親近。⑪寡人：古代國君的謙稱。⑫意：猜想，意料。「有意乎其爲人」意思是，對於他的爲人有了了解。⑬期年：一周年。⑭宰：主持政務的官員。⑮悶然：神情淡漠的樣子。⑯氾：這裡形容心不在焉，有口無心的樣子。辭：推卻。⑰卹：「恤」字的異體，憂慮。亡：失。⑱使：出使。一說「出使」即出遊。⑲㹠：同「豚」，小豬。食：這裡指吮吸乳汁。⑳少焉：一會兒。眴若：驚惶的樣子。走：跑。㉑使：主使，支配。㉒翣：古代出殯時棺木上的飾物，形同羽扇。資：送。㉓刖：斷足的刑罰。屨：用麻、葛等製成的單底鞋，這裡泛指鞋子。連續兩句都是比喻：戰死之人埋葬沙場無須棺木，當然也就用不著棺飾，砍斷了腳的人無須穿鞋，當然也就用不著鞋子，意在說明失去了根本，外在的東西也就同時失去了可愛的價值。㉔諸御：宮中御女，即宮女。㉕翦：「剪」字的異體。聯繫下一句，不修指甲，不穿耳眼，意在說明不加修飾以顯本質。㉖取：通作「娶」。舊注男女婚娶之後便不再前往宮中服役。㉗爾：如此。㉘形：表露在外的意思。㉙窮：困窘，走頭無路。達：通暢、順利。㉚命之行：自然的運行，指非人爲造成的情況變化。㉛相代：相互更替。㉜規：窺。㉝滑：通作「汨」，亂的意思。和：諧和，均衡。㉞靈府：心靈。㉟豫：安適。㊱兌：悅，歡樂。㊲郤：通作「隙」，間隙的意思。㊳接：接觸外物。時：順時，順應四時而作的意思。㊴法：仿效，借鑒。㊵蕩：動。㊶成和之脩：事得以成功、物得以順和的極高修養。「脩」同「修」。㊷閔子：人名，孔子的弟子。㊸紀：綱紀。

【譯文】

魯哀公向孔子問道：「衛國有個面貌十分醜陋的人，名叫哀駘它。男人跟他相處，常常想念他而捨不得離去。女人見到他便向父母提出請求，說『與其做別人的妻子，不如做哀駘它先生的妾，』這樣的人已經十多個了而且還在增多。從不曾聽說哀駘它唱導什麼，只是常常附和別人罷了。他沒有居於統治者的地位而拯救他人於臨近敗亡的境地，他沒有聚斂大量的財物而使他人吃飽肚子。他面貌醜陋使天下人吃驚，又總是附和他人而從沒首倡什麼，他的才智也超不出他所生活的四境，不過接觸過他的人無論是男是女都樂於親近他。這樣的人一定有什麼不同於常人的地方。我把他召來看了看，果眞相貌醜陋足以驚駭天下人。跟我相處不到一個月，我便對他的爲人有了了解；不到一年時間，我就十分信任他。國家沒有主持政務的官員，我便把國事委託給他。他神情淡漠地回答，漫不經心又好像在加以推辭。我深感羞愧，終於把國事交給了他。沒過多久，他就離開我走掉了，我內心憂慮像丢失了什麼，好像整個國家沒有誰可以跟我一道共歡樂似的。這究竟是什麼樣的人呢？」

孔子說：「我孔丘也曾出使到楚國，正巧看見一群小豬在吮吸剛死去的母豬的乳汁，不一會又驚惶地丢棄母豬逃跑了。因爲不知道自己的同類已經死去，母豬不能像先前活著時那樣哺育它們。小豬愛它們的母親，不是愛它的形體，而是愛支配那個形體的精神。戰死沙場的人，他們埋葬時無須用棺木上的飾物來送葬，砍掉了脚的人對於原來穿過的鞋子，沒有理由再去愛惜它，這都是因爲失去了根本。做天子的御女，不剪指甲不穿耳眼；婚娶之人只在宮外辦事，不會再到宮中服役。爲保全形體尚且能夠做到這一點，何況德性完美而高尚的人呢？如今哀駘它他不說話也能取信於人，沒有功績也能贏得親近，讓人示意授給他國事，還唯恐他不接受，這一定是才智完備而德不外露的人。」

魯哀公問：「什麼叫做才智完備呢？」孔子說：「死、生、存、亡，窮、達、貧、富，賢能與不肖，詆毀與稱譽，飢、渴、寒、暑，這些都是事物的變化，都是自然規律的運行；日夜更替於我們的面前，而人的智慧卻不能窺見它們的起始。因此它們都不足以攪亂本性的諧和，也不足以侵擾人們的心靈。要使心靈平和安適，通暢而不失怡悅，要使心境日夜不間斷地跟隨萬物融會在春天般的生氣裡，這樣便會接觸外物而萌生順應四時的感情。這就叫做才智完備。」魯哀公又問：「什麼叫做德不外露呢？」孔子說：「均平是水留止時的最佳狀態。它可以作爲取而效法的準繩，內心裡充滿蘊含而外表毫無所動。所謂德，就是事得以成功、物得以順和的最高修養。德不外露，外物自然就不能離開他了。」

有一天魯哀公把孔子這番話告訴閔子，說：「起初我認爲坐朝當政統治天下，掌握國家的綱紀而憂心人民的死活，便自以爲是最通達的了，如今我聽到至人的名言，眞憂慮沒有實在的政績，輕率作踐自身而使國家危亡。我跟孔子不是君臣關係，而是以德相交的朋友呢！」

闉跂支離無脤說衛靈公❶，靈公說之❷；而視全人，其脰肩肩❸。甕㼜大癭說齊桓公❹，桓公說之；而視全人，其脰肩肩。故德有所長而形有所忘，人不忘其所忘而忘其所不忘，此謂誠忘❺。故聖人有所遊，而知爲孽❻，約爲膠❼，德爲接❽，工爲商❾。聖人不謀，惡用知？不斲❿，惡用膠？無喪⓫，惡用德？不貨⓬，惡用商？四者，天鬻也⓭。天鬻者，天食也⓮。既受食於天，又惡用人！有人之形，無人之情。有人之形，故群於人；無人之情，故是非不得於身。眇乎小哉⑮，所以屬於人也！謷乎大哉⑯，獨成其天！

【注釋】

①闉：屈曲。跂：通作「企」。「闉跂」指腿腳屈曲常踮起腳尖走路。支離：傴僂病殘的樣子。脤：唇，這裡用跛腳，傴腰，無唇來形容一個人的形殘貌醜，並以此特徵作爲這個醜陋之人的名字。說：游說。②說：通「悅」，喜歡。③脰：頸項。肩肩：細小的樣子。④甕㼜：腹大口小的陶製盛器。「㼜」字亦成「盎」。癭：瘤。頸下的瘤子大如甕㼜，這裡也是用畸形特徵作爲人名。⑤誠：眞實。⑥孽：禍根。⑦約：盟誓。膠：粘固，膠著。⑧德爲接：意思是把施德看作交接外物的手段。「約爲膠」意思是把盟約當成膠著似的束縛。⑨工：工巧。⑩斲：「斫」字的異體，砍削的意思。⑪喪：丟失、缺損。⑫貨：意思是買賣東西以謀利。⑬天：自然。鬻：通作「育」，養育的意思。⑭天食：稟受自然的飼養和供給。⑮眇：通作「渺」，微小的意思。⑯謷：高大的樣子。

【譯文】

一個跛腳、傴背、缺嘴的人游說衛靈公，衛靈公十分喜歡他；再看看那些體形完整的人，他們的脖頸實在是太細太細了。一個頸瘤大如甕盎的人游說齊桓公，齊桓公十分喜歡他；再看看那些體形完整的人，他們的脖頸實在是太細太細的了。所以，在德行方面有超出常人的地方而在形體方面的缺陷別人就會有所遺忘，人們不會忘記所應當忘記的東西而忘記了所不應當忘記的東西，這就叫做眞正的遺忘。因而聖人總能自得地出遊，把智慧看作是禍根，把盟約看作是禁錮，把推展德行看作是交接外物的手段，把工巧看作是商賈的行為。聖人從不謀慮，哪裡用得著智慧？聖人從不砍削，哪裡用得著膠著？聖人從不感到缺損，哪裡用得著推展德行？聖人從不買賣以謀利，哪裡用得著經商？這四種作法叫做天養。所謂天養，就是稟受自然的飼養。既然受養於自然，又哪裡用得著人為！有了人的形貌，不一定有人內在的眞情。有了人的形體，所以與人結成群體；沒有人的眞情，所以是與非都不會匯聚在他的身上。渺小呀，跟人同類的東西！偉大呀，只有渾同於自然。

惠子謂莊子曰❶：「人故無情乎？」莊子曰：「然」。惠子曰：「人而無情，何以謂之人？」莊子曰：「道與之貌❷，天與之形，惡得不謂之人？」惠子曰：「既謂之人，惡得無情？」莊子曰：「是非吾所謂情也。吾所謂無情者，言人之不以好惡內傷其身，常因自然而不益生也❸。」惠子曰：「不益生，何以有其身？」莊子曰：「道與之貌，天與之形，無以好惡內傷其身。今子外乎子之神，勞乎子之精❹，倚樹而吟，據槁梧而瞑❺，天選子之形❻，子以堅白鳴❼！」

【注釋】

❶惠子：即惠施，名家的代表人物。❷道：中國古代哲學中的「道」，含義十分複雜，這裡與「天」對應，「天」指事物的自然，「道」可能是指事物的本原，即宇宙萬物的本體。❸益：增添。❹勞：耗費。❺據：靠，憑依。槁梧：指用梧桐木做的几案。瞑：通作「眠」，假寐的意思。❻天選：自然的授予。❼堅白：「堅白」論是古代名家的著名言論，它以石爲喻，指石之白色與石之堅質都獨立於「石」。莊子對於這一類辯論極不讚賞，斥之爲無稽之談。

【譯文】

惠子對莊子說：「人原本就是沒有情的嗎？」莊子說：「是的」。惠子說：「一個人假若沒有情，爲什麼還能稱作人呢？」莊子說：「道賦予人容貌，天賦予人形體，怎麼能不稱作人呢？」惠子說：「既然已經稱作了人，又怎麼能夠沒有情？」莊子回答說：「這並不是我所說的情呀。我所說的無情，是說人不因好惡，而致傷害自身的本性，常常順任自然而不隨增添些什麼。」惠子說：「不添加什麼，靠什麼來保有自己的身體呢？」莊子回答說：「道賦予人容貌，天賦予人形體，可不要因外在的好惡而致傷害了自己的本性。如今你外露你的心神，耗費你的精力，靠著樹幹吟詠，憑依几案閉目假寐。自然授予了你的形體，你卻以「堅」、「白」的詭辯而自鳴得意！」

大宗師

卷六 導讀

「宗」指敬仰、尊崇，「大宗師」意思是最值得敬仰、尊崇的老師。誰夠得上稱作這樣的老師呢？那就是「道」。莊子認爲自然和人是渾一的，人的生死變化是沒有什麼區別的，因而他主張淸心寂神，離形去智，忘卻生死，順應自然。這就叫做「道」。

全文可以分爲九個部分。第一部分至「是之謂眞人」，虛擬一理想中的「眞人」，「眞人」能做到「天」、「人」不分，因而「眞人」能做到「無人」、「無我」。「眞人」的精神境界就是「道」的形象化。第二部分至「而比於列星」，從描寫「眞人」逐步轉爲述說「道」，只有「眞人」才能體察「道」，而「道」是「無爲無形」而又永存的，因而體察「道」就必須「無人」、「無我」。這兩段是全文論述的主體。第三部分至「參寥聞之疑始」，討論體察「道」的方法和進程。第四部分至「蘧然覺」，說明人的死生存亡實爲一體，無法逃避，因而應「安時而處順」。第五部分至「天之小人也」，進一步討論人的死和生，指出死和生都是「氣」的變化，是自然的現象，因而應「相忘以生，無所終窮」，只有這樣精神才會超脫物外。第六部分至「乃入於寥天一」，說明人的軀體有了變化而人的精神卻不會死，安於自然、忘卻死亡，便進入「道」的境界而與自然合成一體。第七部分至「此所遊已」，批判儒家的仁義和是非觀念，指出儒家的觀念是對人的精神摧殘。第八部分至「丘也請從而後也」，論述「離形去知，同於大通」是進入「道」的境界的方法。餘下為第九部分，說明一切都由「命」所安排，即非人爲之力所安排。

知天之所爲，知人之所爲者，至矣。知天之所爲者，天而生也；知人之所爲者，以其知之所知以養其知之所不知，終其天年而不中道夭者：是知之盛也。雖然，有患。夫知有所待而後當❶，其所待者特未定也❷。庸詎知吾所謂天之非人乎？所謂人之非天乎？

且有眞人而後有眞知。何謂眞人？古之眞人不逆寡❸，不雄成❹，不謨士❺。若然者，過而弗悔，當而不自得也❻。若然者，登高不慄，入水不濡❼，入火不熱。是知之能登假於道者也若此❽。古之眞人，其寢不夢，其覺無憂，其食不甘，其息深深。

眞人之息以踵[9]，眾人之息以喉。屈服者，其嗌言若哇[10]。其耆欲深者[11]，其天機淺[12]。古之眞人，不知說生，不知惡死；其出不訢[13]，其入不距[14]；翛然而往[15]，翛然而來而已矣。不忘其所始，不求其所終；受而喜之，忘而復之，是之謂不以心捐道[16]，不以人助天。是之謂眞人。若然者，其心志[17]，其容寂，其顙頯[18]，淒然似秋，煖然似春[19]，喜怒通四時，與物有宜而莫知其極[20]。

故聖人之用兵也[21]，亡國而不失人心；利澤施乎萬世[22]，不爲愛人。故樂通物，非聖人也；有親[23]，非仁也；天時[24]，非賢也；利害不通，非君子也；行名失己[25]，非士也；亡身不眞，非役人也[26]。若狐不偕、務光、伯夷、叔齊、箕子、胥餘、紀他、申徒狄[27]，是役人之役，適人之適[28]，而不自適其適者也。

古之眞人，其狀義而不朋㉙，若不足而不承；與乎其觚而不堅也㉚，張乎其虛而不華也㉛；邴邴乎其似喜乎㉜，崔乎其不得已乎㉝！滀乎進我色也㉞，與乎止我德也㉟；厲乎其似世乎㊱！謷乎其未可制也㊲；連乎其似好閉也㊳，悗乎忘其言也㊴。以刑爲體㊵，以禮爲翼，以知爲時㊶，以德爲循。以刑爲體者，綽乎其殺也㊷；以禮爲翼者，所以行於世也；以知爲時者，不得已於事也；以德爲循者，言其與有足者至於丘也，而人眞以爲勤行者也。故其好之也一，其弗好之也一。其一也一，其不一也一。其一與天爲徒㊸，其不一與人爲徒。天與人不相勝也，是之謂眞人。

【注釋】

❶有所待：有所依憑。莊子認爲人們的認識和了解都離不開認識、了解的對象。當：恰當、正確。❷特：但，不過。❸逆：針對，對付。❹雄成：雄據自己的成績，即憑借自己取得的成績而傲視他人、凌駕他人。❺謨：圖謀、算計。士：通作「事」。一說「士」

當就字面講,「謨士」則講作採用不正當手段謀取士人的信賴。❻當:恰巧、正好。自得:自以為得意。❼濡:沾濕。❽假:通作「格」,至、達到的意思。❾踵:腳跟。「息以踵」言氣息深沉,發自根本。❿唱:咽喉閉塞。「唱言」是說言語吞吐像堵在喉頭的。哇:像聲詞,形容聲音靡曼。⓫耆:嗜好,這個意思後代寫作「嗜」。⓬天機:天生的神智。⓭「出」這裡指出生於世,與下句「入」指死亡相對為文。以下的「往」和「來」也是指人的死和生。訢:「欣」字的異體,高興的意思。⓮距:通作「拒」,拒絕、迴避的意思。⓯翛:無拘束,自由自在的樣子。⓰捐:當為「損」字之訛,損害的意思。⓱志:疑為「忘」字之誤,「心忘」意思是心裡空靈,忘掉自己的周圍。⓲顙:額。頯:本指觀骨,這裡是質樸端嚴的意思。⓳煖:同「煊」,溫暖的意思。⓴宜:合適、相稱。㉑本段(從「故聖人之用兵也」至「而不自適其適者也」)聞一多先生認為文意與上下不能一貫而成片斷,疑係錯簡。以備參考。㉒利澤:利益和恩澤。㉓親:這裡指偏愛。莊子主張至人無親,任理自存,因而有了偏愛就算不上是「仁」。㉔天時:選擇時機。㉕行名:做事為取名聲。一說「行」,是品行的意思,「行名失己」即品行和名聲不符而失去本真。㉖役:役使、驅遣。㉗狐不偕、務光、伯夷、叔齊、箕子、胥餘、紀他、申徒狄:皆人名,傳說中遠古時代(唐堯、夏禹、商湯時代)的賢人,有的為不願接受天下,有的為忠諫不被採納,或投水而死,或餓死,或被殺害。㉘適:安適,舒暢。㉙狀:外部的表情和神態。義:通作「峨」(亦寫作「峉」),高的意思。朋:通作「崩」,崩壞的意思。「義而不朋」意思是巍峨而不矜持。一說「義」講作「宜」,指與人相處隨物而宜;「朋」講作「朋黨」,指與人交往卻不結成朋黨。姑備參考。㉚與乎:容與,態度自然安閑的樣子。觚:特立超群。堅:這裡是固執的意思。㉛張乎:廣大的樣子,這裡指內心寬宏、開闊。華:浮華。㉜邴邴:欣喜的樣子。有的本子只有一個「邴」字。㉝崔乎:開始行動的樣子。㉞滀乎:本指水之停聚貌,這裡引申形容人的容顏和悅而有光澤。㉟與:交往,待人接物。止:歸:「止我德」是說德性高雅寬和讓人歸依。㊱厲:疑為「廣」字之誤,言精神博大好像包容了世界。一說「世」乃

「泰」字之通假，大的意思。㊲謷乎：高放自得的樣子。制：限止。㊳連乎：綿邈深遠的樣子。㊴悗乎：心不在焉的樣子。㊵「以刑爲體」至「而人眞以爲勤行者也」十三句，所述內容不似莊子的思想和主張，跟上下文內容也不連貫，嵌在這裡前後很不好串通，有待進一步校勘、考訂。㊶爲時：等待時機。㊷綽乎：寬大的樣子。㊸徒：徒屬，這裡是同類的意思。

【譯 文】

知道自然的作爲，並且了解人的作爲，這就達到了認識的極點。知道自然的作爲，是懂得事物出於自然；了解人的作爲，是用他智慧所通曉的知識哺育、薰陶他智慧所未能通曉的知識，直至自然死亡而不中途夭折，這恐怕就是認識的最高境界了。雖然這樣，還是存在憂患。人們的知識一定要有所依憑方才能認定是否恰當，而認識的對象卻是不穩定的。怎麼知道我所說的本於自然的東西不是出於人爲呢？怎麼知道我所說的人爲的東西又不是出於自然呢？

況且有了「眞人」方才有眞知。什麼叫做「眞人」呢？古時候的「眞人」，不倚眾凌寡，不自恃成功雄踞他人，也不圖謀瑣事。像這樣的人，錯過了時機不後悔，趕上了機遇不得意。像這樣的人，登上高處不顫慄，下到水裡不會沾濕，進入火中不覺灼熱。這只有智慧能通達大道境界的人方能像這樣。古時候的「眞人」，他睡覺時不做夢，他醒來時不憂愁，他吃東西時不求甘美，他呼吸時氣息深沉。「眞人」呼吸憑借的是著地的腳跟，而一般人呼吸則靠的只是喉嚨。被人屈服時，言語在喉前吞吐就像哇哇地曼語。那些嗜好和欲望太深的人，他們天生的智慧也就很淺。古時候的「眞人」，不懂得喜悅生存，也不懂得厭惡死亡；出生不欣喜，入死不推辭；無拘無束地就走了，自由自在地又來了罷了。不忘記自己從哪兒來，也不尋求自己往哪兒去，承受什麼際遇都歡歡喜喜，忘掉死生像是回到了自己的本然，這就叫做不用心智去損害大道，也不用人爲的因素去幫助自然。這就叫「眞人」。像這樣的人，他的內心忘掉了周圍的一切，他的容顏淡漠安閑，他的面額質樸端嚴；冷肅得像秋天，溫暖得像春天，高興或憤怒跟四時更替一樣自然無飾，和外界事物合宜相稱而沒有誰能探測到他精神世界的眞諦。

所以古代聖人使用武力，滅掉敵國卻不失掉敵國的民心；利益和恩澤廣施於萬世，卻不是爲了偏愛什麼人。樂於交往取悅外物的人，不是聖人；有偏愛就算不上是「仁」，伺機行事，不是賢人；不能看到利害的相通和相輔，算不上是君子；辦事求名而失掉自身的本性，不是有識之士；喪失身軀卻與自己的眞性不符，不是能役使世人的人。像狐不偕、務光、伯夷、叔齊、箕子、胥餘、紀他、申徒狄，這樣的人都是被役使世人的人所役使，都是被安適世人的人所安適，而不是能使自己得到安適的人。

古時候的「眞人」，神情巍峨而不矜持，好像不足卻又無所承受；態度安閑自然、特立超群而不執著頑固，襟懷寬闊虛空而不浮華；怡然欣喜像是格外地高興，一舉一動又像是出自不得已！容顏和悅令人喜歡接近，與人交往德性寬和讓人樂於歸依；氣度博大像是寬廣的世界！高放自得從不受什麼限制，綿邈深遠好像喜歡封閉自己，心不在焉的樣子又好像忘記了要說的話。把刑律當作主體，把禮儀當作羽翼，用已掌握的知識去等待時機，用道德來遵循規律。把刑律當作主體的人，那麼殺了人也是寬厚仁慈的；把禮儀當作羽翼的人，用禮儀的教誨在世上施行；用已掌握的知識去等待時機的人，是因爲對各種事情出於不得已；用道德來遵循規律，就像是說大凡有腳的人就能夠登上山丘，而人們卻眞以爲是勤於行走的人。所以說人們所喜好的是渾然爲一的，人們不喜好的也是渾然爲一的。那些同一的東西是渾一的，那些不同一的東西也是渾一的。那些同一的東西跟自然同類，那些不同一的東西跟人同類。自然與人不可能相互對立而相互超越，具有這種認識的人就叫做「眞人」。

死生，命也[1]，其有夜旦之常[2]，天也。人之有所不得與[3]，皆物之情也。彼特以天爲父，而身猶愛之，而況其卓乎[4]！人特以有君爲愈乎己[5]，而身猶死之[6]，而況其眞乎[7]！泉涸[8]，魚相與處於陸，相呴以濕[9]，相濡以沫[10]，不如相忘於江湖。與其譽堯而非桀也，不如兩忘而化其道[11]。夫大塊載我以形[12]，勞我以生，佚我以老[13]，息我以死。故善吾生者，乃所以善死也。

夫藏舟於壑[14]，藏山於澤[15]，謂之固矣。然而夜半有力者負之而走，昧者不知也[16]。藏小大有宜[17]，猶有所遯[18]。若夫藏天下於天下而不得所遯，是恆物之大情也[19]。特犯人之形而猶喜之[20]，若人之形者，萬化而未始有極也，其爲樂可勝計邪[21]？故聖人將遊於物之所不得遯而皆存。善妖善老[22]，善始善終，人猶效之，又況萬物之所繫而一化之所待乎[23]！

夫道，有情有信[24]，無爲無形；可傳而不可受[25]，可得而不可見[26]；自本自根，未有天地，自古以固存；神鬼神帝[27]，生天生地；在太極之先而不爲高[28]，在六極之下而不爲深[29]，先天地生而不爲久，長於上古而不爲老。狶韋氏得之[30]，以挈天地[31]；伏戲氏得之[32]，以襲氣母[33]；維斗得之[34]，終古不忒[35]；日月得之，終古不息；堪坏得之[36]，以襲崑崙；馮夷得之[37]，以遊大川；肩吾得之[38]，以處大山；黃帝得之[39]，以登雲天；顓頊得之[40]，以處玄宮；禺強得之[41]，立乎北極；西王母得之[42]，坐乎少廣。莫知其始，莫知其終。彭祖得之，上及有虞，下及五伯[43]；傅說得之[44]，以相武丁，奄有天下[45]，乘東維[46]，騎箕尾[47]，而比於列星ㄒㄧㄥ。

【注釋】

❶命：這裡指不可避免的、非人為的作用。❷常：常規，恒久不易或變化的規律。❸與：參與，干預。❹卓：特立，高超，這裡實指「道」。❺愈：勝，超過。❻死之：這裡講作「為之而死」，即為國君而獻身。❼眞：這裡指的是「道」。一說即上段之「眞人」。姑備參考。❽涸：水乾。❾呴：張口出氣。❿澫：同「濡」，一本亦作「濡」，沾濕的意思。沫：唾沫，即口水。⓫化：這裡是融解、混同的意思。⓬大塊：大地，這裡可以理解為大自然。⓭佚：通作「逸」，閑逸的意思。⓮壑：深深的山谷。⓯山：通作「汕」，捕魚的用具。舊注就字面講。⓰昧：通作「寐」，睡著的意思。一說「昧」當如字面講，「昧者」即愚昧的人。⓱藏大小：即「藏小於大」。宜：合適，適宜。⓲遯：「遁」字的異體，逃脫、丟失的意思。⓳恆：常有、固有的意思。⓴犯：承受。一說通作「範」，模子的意思。㉑勝：禁得起。㉒妖：或作「夭」，根據上下文意判斷，這裡應是少小的意思，與「老」字互文。㉓繫：關聯、聯綴。一：全。「一化」即所有的變化。待：依靠、憑借。「所繫」、「所待」這裡都是指所謂「道」，莊子認為一切事物、一切變化都離不開「道」，因而人們應當效法它，「宗」之為「師」。㉔情、信：眞實、確鑿可信。㉕傳：傳遞、感染、感受的意思。㉖得：這裡是體會、領悟的意思。㉗神：這裡是引出、產生的意思。㉘太極：派生萬物的本原，即宇宙的初始。先：據上下文理和用詞對應的情況看，「先」字當作「上」字，這樣「太極之上」對應下句「六極之下」，且不與「先天地」一句重複。㉙六極：即六合。㉚狶韋氏：傳說中的遠古時代的帝王。㉛挈：提挈，含有統領。駕馭的含意。㉜伏戲氏：即伏羲氏，傳說中的古代帝王。㉝襲：入。一說講作「合」。氣母：元氣之母，即古人心目中宇宙萬物初始的物質。㉞維斗：北斗星。㉟忒：差錯。㊱堪坏：傳說中人面獸身

的崑崙山神。㊲馮夷：傳說中的河神。㊳肩吾：傳說中的泰山之神。㊴黃帝：即軒轅氏，傳說中的古代帝王，中原各族的始祖。㊵顓頊：傳說爲黃帝之孫，即帝高陽。玄：黑。顓頊又稱玄帝，即北方之帝，「玄」爲黑色，爲北方之色，所以下句說「處玄宮」。㊶禺強：傳說中人面鳥身的北海之神。㊷西王母：古代神話中的女神，居於少廣山。㊸「五伯」舊指夏伯昆吾、殷伯大彭、豕韋，周伯齊桓、晉文。㊹傳說：殷商時代的賢才，輔佐高宗武丁，成爲武丁的相。傳說傳說死後成了星精，故下句有「乘東維、騎箕尾」之說。㊺奄：覆蓋、包括。㊻東維：星名，在箕星、尾星之間。㊼箕、尾：星名，爲二十八宿中的兩個星座。

【譯文】

死和生均非人爲之力所能安排，猶如黑夜和白天交替那樣永恒地變化，完全出於自然。有些事情人是不可能參與和干預的，這都是事物自身變化的實情。人們總是把天看作生命之父，而且終身愛戴它，何況那特立高超的「道」呢！人們還總認爲國君是一定超越自己的，而且終身願爲國君效死，又何況應該宗爲大師的「道」呢？泉水乾涸了，魚兒困在陸地上相互依偎，互相大口出氣來取得一點濕氣，以唾沫相互潤濕，不如將過去江湖裡的生活徹底忘記。與其讚譽唐堯的聖明而非議夏桀的暴虐，不如把他們都忘掉而融化混同於「道」。大地把我的形體托載，並且用生存來勞苦我，用衰老來閑適我，用死亡來安息我。所以，把我的存在看作好事的，也就因此而可以把我的死亡看作是好事。

將船兒藏在大山溝裡，將漁具藏在深水裡，可以說是十分牢靠了。然而半夜裡有個大力士把它們連同山谷和河澤一塊兒背著跑了，睡夢中的人們還一點兒也不知道。將小東西藏在大東西裡是適宜的，不過還是會有丟失。假如把天下藏在天下裡而不會丟失，這就是事物固有的眞實之情。人們只要承受了人的形體便十分欣喜，至於像人的形體的情況，在萬千變化中從不曾有過窮盡，那快樂之情難道還能夠加以計算嗎？所以聖人將生活在各種事物都不會丟失的環境裡而與萬物共存亡。以少爲善以老爲善，以始爲善以終爲善，人們尚且加以效法，又何況那萬物所聯綴、各種變化所依托的「道」呢！

「道」是眞實而又確鑿可信的，然而它又是無爲和無形的；「道」可以感知卻不可以口授，可以領悟卻不可以面見；「道」自身就是本、就是根，還未出現天地的遠古時代「道」就已經存在；它引出鬼帝，產生天地；它在太極之上卻並不算高，它在六極之下不算深，它先於天地存在還不算久，它長於上古還不算老。豨韋氏得到它，用來統馭天地；伏羲氏得到它，用來調合元氣；北斗星得到它，永遠不會改變方位；太陽和月亮得到它，永遠不停息地運行；堪坏得到它，用來入主崑崙山；馮夷得到它，用來巡游大江大河；肩吾得到它，用來駐守泰山；黃帝得到它，用來登上雲天；顓頊得到它，用來居處玄宮；禺強得到它，用來立足北極；西王母得到它，用來坐陣少廣山。沒有人能知道它的開始，也沒有人能知道它的終結。彭祖得到它，從遠古的有虞時代一直活到五伯時代；傅說得到它，用來輔佐武丁，統轄整個天下，乘駕東維星，騎坐箕宿和尾宿，而永遠排列在星神的行列裡。

南伯子葵問乎女偊曰❶：「子之年長矣，而色若孺子❷，何也？」曰：「吾聞道矣。」南伯子葵曰：「道可得學邪？」曰：「惡❸！惡可！子非其人也。夫卜梁倚有聖人之才而無聖人之道❹，我有聖人之道而無聖人之才，吾欲以教之，庶幾其果為聖人乎❺！不然，以聖人之道告聖人之才，亦易矣。吾猶守而告之❻，參日而後能外天下❼；已外天下矣，吾又守之，七日而後能外物；已外物矣，吾又守之，九日而後能外生；已外生矣，而後能朝徹❽；朝徹，而後能見獨❾；見獨，而後能無古今；無古今，而後能入於不死不生。殺生者不死❿，生生者不生。其為物，無不將也⓫，無不迎也；無不毀也，無不成也。其名為攖寧⓬。攖寧也者，攖而後成者也。」

南伯子葵曰：「子獨惡乎聞之？」曰：「聞諸副墨之子，副墨之子聞諸洛誦之孫，洛誦之孫聞之瞻明，瞻明聞之聶許，聶許聞之需役，需役聞之於謳，於謳聞之玄冥，玄冥聞之參寥，參寥聞之疑始⓭。」

【注釋】

❶南伯子葵、女偊：均爲人名。舊注曾疑「南伯子葵」即「南郭子綦」。❷孺子：幼兒，孩童。❸惡：這裡是批駁、否定對方的言詞，義同「不」。❹卜梁倚：人名。聖人之道：指虛淡內凝的心境。聖人之才：指明敏的、外用的才質。❺庶幾：也許、大概。❻守：持守，修守，這裡指內心凝寂，善於自持而不容懈怠。❼參：三。外：遺忘。「外」是相對於「內」的，思想上、精神上既然能凝寂虛空，身外之物，包括天地、死生都好像虛妄而不存在，故有以天下爲外，以物爲外，以生爲外的說法。❽朝徹：「朝」指朝陽，「徹」指明徹，這裡用早晨太陽初升時的清新明徹，喻指物我皆忘的凝寂空靈的心境。❾獨：莊子哲學體系中的又一重要概念，指不受任何事物影響，也不對任何事物有所依侍。能夠獨立而無所依侍的就只有所謂的「道」，故這句中的「獨」實際指的就是「道」。❿殺：滅除，含有摒棄、忘卻之意。「殺生者」與下句「生生者」相對爲文，分別指忘卻生存和眷戀人世的人。⓫將：送。⓬攖：擾亂，「攖寧」意思是不受外界事物的紛擾，保持心境的寧靜。這是莊子所倡導的極高的修養境界，能夠做到這一點也就得到了「道」，所以下一句說「攖而後成」。⓭「副墨」、「洛誦」、「瞻明」、「聶許」、「需役」、「於謳」、「玄冥」、「參寥」、「疑始」等，均爲假託的寓言人物之名。曾有人就這些人名的用字作過推敲，揣度其間還含有某些特殊的寓意，但均不能確考。大體是，「副墨」指文字，「洛誦」指背誦，「瞻明」指目視明晰，「聶許」指附耳私語，「需役」指勤行不怠，「於謳」指吟詠領會，「玄冥」指深遠虛寂，「參寥」指高曠寥遠，「疑始」指迷茫而無所本。

【譯文】

南伯子葵向女偊問道：「你的歲數已經很大了，可是你的容顏卻像孩童，這是什麼緣故呢？」女偊回答：「我得『道』了。」南伯子葵說：「『道』可以學習嗎？」女偊回答說：「不！怎麼可以呢！你不是可以學習『道』的人。卜梁倚有聖人明敏的才氣卻沒有聖人虛淡的心境，我有聖人虛淡的心境卻沒有聖人明敏的才氣，我想用虛淡的心境來教導他，恐怕他果眞能成爲聖人哩！然而卻不是這樣，把聖人虛淡的心境傳告具有聖人才氣的人，應是很容易的。我還是持守著並告訴他，三天之後便能遺忘天下，既已遺忘天下，我又凝寂持守，七天之後能遺忘萬物；既已遺忘外物，我又凝寂持守，九天之後便能遺忘自身的存在；既已遺忘存在的生命，而後心境便能如朝陽一般清新明徹；能夠心境如朝陽般清新明徹，而後就能夠感受那絕無所待的『道』了；既已感受了『道』，而後就能超越古今的時限；既已能夠超越古今的時限，而後便進入無所謂生、無所謂死的境界。摒除了生也就沒有死，留戀於生也就不存在生。作爲事物，『道』無不有所送，也無不有所迎；無不有所毀，也無不有所成，這就叫做「攖寧」。攖寧，意思就是不受外界事物的紛擾，而後保持心境的寧靜。

南伯子葵又問：「你偏偏是怎麼得『道』的呢？」女偊又回答說：「我從副墨（文字）的兒子那裡聽到的，副墨的兒子從洛誦（背誦）的孫子那裡聽到的，洛誦的孫子從瞻明（目視明晰）那裡聽到的，瞻明從聶許（附耳私語）那裡聽到的，聶許從需役（勤行不怠）那裡聽到的，需役從於謳（吟詠領會）那裡聽到的，於謳從玄冥（深遠虛寂）那裡聽到的，玄冥從參寥（高曠寥遠）那裡聽到的，參寥從疑始（迷茫而無所本）那裡聽到的。」

子祀、子輿、子犁、子來四人相與語曰❶：「孰能以無爲首，以生爲脊，以死爲尻❷，孰知死生存亡之一體者，吾與之友矣。」四人相視而笑，莫逆於心❸，遂相與爲友。

俄而子輿有病，子祀往問之[4]。曰：「偉哉夫造物者，將以予爲此拘拘也[5]！曲僂發背[6]，上有五管[7]，頤隱於齊[8]，肩高於頂，句贅指天[9]。」陰陽之氣有沴[10]，其心閑而無事，跰𨇤而鑑於井[11]，曰：「嗟乎！夫造物者又將以予爲此拘拘也！」

子祀曰：「女惡之乎[12]？」曰：「亡[13]，予何惡！浸假而化予之左臂以爲雞[14]，予因以求時夜[15]；浸假而化予之右臂以爲彈，予因以求鴞炙[16]。浸假而化予之尻以爲輪，以神爲馬，予因以乘之，豈更駕哉[17]！且夫得者[18]，時也[19]，失者，順也[20]；安時而處順，哀樂不能入也。此古之所謂縣解也[21]，而不能自解者，物有結之。且夫物不勝天久矣，吾又何惡焉？」

俄而子來有病，喘喘然將死[22]，其妻子環而泣之[23]。子犁往問之，曰：「叱[24]！避！無怛化[25]！」倚其戶與之語曰：「偉哉造化！又將奚以汝為㉖，將奚以汝適？以汝為鼠肝乎？以汝為蟲臂乎？」

子來曰：「父母於子，東西南北，唯命之從。陰陽於人㉗，不翅於父母㉘；彼近吾死而我不聽，我則悍矣，彼何罪焉！夫大塊載我以形，勞我以生，佚我以老，息我以死。故善吾生者，乃所以善吾死也。今之大冶鑄金㉙，金踴躍曰『我且必為鏌鋣』㉚，大冶必以為不祥之金㉛。今一犯人之形㉜，而曰『人耳人耳』，夫造化者必以為不祥之人。今一以天地為大鑪，以造化為大冶，惡乎往而不可哉！」成然寐㉝，蘧然覺㉞。

【注釋】

❶子祀、子輿、子犁、子來：寓言故事中假託虛構的人名。❷尻：脊骨最下端，也泛指臀部。❸莫逆於心：內心相契，心照不宣。❹問：拜訪、問候。❺拘拘：曲屈不伸的樣子。❻曲僂：彎腰。發背：背骨外露。❼五管：五臟的穴口。❽頤：下巴。齊：肚臍，這個意思後代寫作「臍」。❾句贅：頸椎隆起狀如贅瘤。❿沴：陰陽之氣不和而生

出的災害。⑪跰䠥：蹣跚，行步傾倒不穩的樣子。⑫惡：厭惡。⑬亡：通作「無」，「沒有」的意思。⑭浸：漸漸。假：假令。⑮時夜：司夜，即報曉的公雞。⑯鴞：斑鳩。炙：烤熟的肉。「鴞炙」即烤熟的斑鳩肉。⑰更：更換。駕：這裡指車駕坐騎。⑱得：指得到生命，與下句的「失」表示死亡相對應，「得」、「失」也即生、死。⑲時：適時。⑳順：指順應了規律。㉑縣：懸掛，「縣解」即解脫倒懸。莊子認爲人不能超脫物外，就像倒懸人一樣其苦不堪，而超脫於物外則像解脫了束縛，七情六慾也就不再成爲負擔。㉒喘喘然：氣息急促的樣子。㉓妻子：妻子兒女。環：繞。㉔叱：呵叱之聲。㉕怛：驚擾。化：變化，這裡指人之將死。㉖爲：這裡是改變、造就的意思。㉗陰陽：這裡指整個自然變化。㉘翅：這裡講作「啻」，「不翅」就是不啻。㉙冶：熔煉金屬：「大冶」指熔煉金屬高超的工匠。金：金屬。㉚踴躍：躍起。鏌鋣：亦作「莫邪」，寶劍名。相傳春秋時代干將、莫邪夫婦兩人爲楚王鑄劍，三年劍成，雄劍取名爲「干將」，雌劍取名爲「莫邪」。㉛祥：善。㉜犯：遇，承受。㉝成然：安閑熟睡的樣子。寐：睡著，這裡實指死亡。㉞蘧然：驚喜的樣子。覺：睡醒，這裡喻指生還。

【譯　文】

子祀、子輿、子犁、子來四個人在一塊兒談說：「誰能夠把無當作頭，把生當作脊柱，把死當作尻尾，誰能夠通曉生死存亡渾爲一體的道理，我們就可以跟他交朋友。」四個人都會心地相視而笑，心心相契卻不說話，於是相互交往成爲朋友。

不久子輿生了病，子祀前去探望他。子輿說：「偉大啊，造物者！把我變成如此曲屈不伸的樣子！腰彎背駝，五臟穴口朝上，下巴隱藏在肚臍之下，肩部高過頭頂，彎曲的頸椎形如贅瘤朝天隆起」。陰陽二氣不和釀成如此災害，可是子輿的心裡卻十分閑逸好像沒有生病似的，蹣跚地來到井邊對著井水照看自己，說：「哎呀，造物者竟把我變成如此曲屈不伸！」

子祀說：「你討厭這曲屈不伸的樣子嗎？」子輿回答：「沒有，我怎麼會討厭這副樣子！假令造物者逐漸把我的左臂變成公雞，我便用它來報曉；假令造物者逐漸把我的右臂變成彈弓，我便用它來打斑鳩烤熟了吃。假令造物者把我的臀部變化成爲車輪，把我的精神變化成駿馬，我就用來乘坐，難道還要更換別的車馬嗎？至於生命的獲得，是因爲適時，生命的喪失，是因爲順應；安於適時而處之順應，悲哀和歡樂都不會侵入心房。這就是古人所說的解脫了倒懸之苦，然而不能自我解脫的原因，則是受到了外物的束縛。況且事物的變化不能超越自然的力量已經很久很久了，我又怎麼能厭惡自己現在的變化呢？」

不久子來也生了病，氣息急促將要死去，他的妻子兒女圍在床前哭泣。子犁前往探望，說：「嘿，走開！不要驚擾他由生而死的變化！」子犁靠著門跟子來說話：「偉大啊，造物者！又將把你變成什麼，把你送到何方？把你變化成老鼠的肝臟嗎？把你變化成蟲蟻的臂膀嗎？」

子來說：「父母對於子女，無論東西南北，他們都只能聽從吩咐調遣。自然的變化對於人，則不啻於父母；它使我靠攏死亡而我卻不聽從，那麼我就太蠻橫了，而它有什麼過錯呢！大地把我的形體托載，用生存來勞苦我，用衰老來閑適我，用死亡來安息我。所以把我的存在看作是好事，也因此可以把我的死亡看作是好事。現在如果有一個高超的冶煉工匠鑄造金屬器皿，金屬熔解後躍起說『我將必須成爲良劍莫邪』，冶煉工匠必定認爲這是不吉祥的金屬。如今人一旦承受了人的外形，便說『成人了成人了』，造物者一定會認爲這是不吉祥的人。如今把整個渾一的天地當作大熔爐，把造物者當作高超的冶煉工匠，用什麼方法來驅遣我而不可以呢？」於是安閑熟睡似的離開人世，又好像驚喜地醒過來而回到人間。

子桑戶、孟子反、子琴張三人相與友❶，曰：「孰能相與於無相與，相爲於無相爲？孰能登天遊霧，撓挑無極❷，相忘以生，無所終窮？」三人相視而笑，莫逆於心，遂相與爲友。

莫然有間而子桑戶死❸，未葬。孔子聞之，使子貢往侍事焉❹。或編曲，或鼓琴，相和而歌曰：「嗟來桑戶乎❺！嗟來桑戶乎！而已反其眞❻，而我猶爲人猗❼！」子貢趨而進曰：「敢問臨尸而歌，禮乎？」二人相視而笑曰：「是惡知禮意！」

子貢反，以告孔子，曰：「彼何人者邪？修行無有❽，而外其形骸❾，臨尸而歌，顏色不變，無以命之❿。彼何人者邪？」

孔子曰：「彼，遊方之外者也⓫；而丘，遊方之內者也。外內不相及，而丘使女往弔之，丘則陋矣⓬。彼方且與造物者爲人⓭，而遊乎天地之一氣⓮。彼以生爲附贅縣疣⓯，以死爲決𤴯潰癰⓰，夫若然者，又惡知死生先後之所在！假於異物⑰，託於同體；忘其肝膽，遺其耳目；反覆終始，不知端倪；芒然彷徨乎塵垢之外⑱，逍遙乎無爲之業⑲。彼又惡能憒憒然爲世俗之禮⑳，以觀眾人之耳目哉㉑！」

子貢曰：「然則夫子何方之依㉒？」孔子曰：「丘，天之戮民也㉓。雖然，吾與汝共之。」子貢曰：「敢問其方。」孔子曰：「魚相造乎水㉔，人相造乎道。相造乎水者，穿池而養給㉕；相造乎道者，無事而生定㉖。故曰，魚相忘乎江湖，人相忘乎道術。」子貢曰：「敢問畸人㉗。」曰：「畸人者，畸於人而侔於天㉘，故曰，天之小人，人之君子；人之君子，天之小人也。」

【注釋】

❶子桑戶、孟子反、子琴張：莊子假託的人名。本句的「友」字可能是「語」字之誤，作「相與語」講前後語意均能串通。❷撓挑：循環升登。無極：這裡指沒有窮盡的太空。❸莫然有間：頃刻之間。一說「莫然」即「漠然」，指相交淡漠。姑備參考。❹侍事：幫助辦理

喪事。❺嗟來：猶如「嗟乎」。❻而：你。反：返回。眞：本眞。「反其眞」意思就是返歸自然。❼猗：表示感嘆語氣。❽修行：培養自己的德行。❾外其形骸：以其形骸爲外，把自身的形骸置之度外，意思是不把死亡當作一件大事。❿命：名，稱述。⓫方：方域，指人類生活的空間。⓬陋：淺薄，見識不廣。⓭人：偶。「爲人」即相互做爲伴侶。⓮一氣：元氣。⓯縣：懸。疣：這裡義同「瘤」。「附贅縣疣」喻指多餘的東西。⓰𤴯、癰均爲毒瘡。「決𤴯潰癰」指毒瘡化膿而破潰。⓱假：憑藉。⓲芒然：即茫然。塵垢：這裡喻指人世。⓳無爲之業：無所作爲的境界。⓴憒憒然：煩亂的樣子。㉑觀：顯示。㉒方：方術，準則。㉓戮：刑戮。「天之戮民」意思是受到自然懲罰的人，即擺脫不了方內束縛的人。㉔造：往，適。㉕給足。「養給」即給養充裕。㉖生：通作「性」，「生定」即性情平靜安適。一說「定」字爲「足」字之誤，「生定」則是心性自足之意。㉗畸人：即奇異的人，這裡指不合於世俗的人。㉘侔：齊同。

【譯文】

子桑户、孟子反、子琴張三人在一起談話：「誰能夠相互交往於無心交往之中，相互有所幫助卻像沒有幫助一樣？誰能登上高天巡遊霧裡，循環升登於無窮的太空，忘掉自己的存在，而永遠沒有終結和窮盡？」三人會心地相視而笑，心心相印於是相互結成好友。

過不多久子桑户死了，還没有下葬。孔子知道了，派弟子子貢前去幫助料理喪事。孟子反和子琴張卻一個在編曲，一個在彈琴，相互應和著唱歌：「哎呀，子桑户啊！哎呀，子桑户啊！你已經返歸本眞，可是我們還是活著的人而承受托載形骸之累呀！」子貢聽了快步走到他們近前，說：「我冒昧地請教，對著死人的屍體唱歌，這合乎禮儀嗎？」二人相視笑了笑，不屑地說：「這種人怎麼會懂得『禮』的眞實含意！」

子貢回來後把見到的情形告訴給孔子，說：「他們都是些什麼樣的人呢？不看重德行的培養而無有禮儀，把自身的形骸置於度外，面對著死屍還要唱歌，容顏和臉色一點也不改變，沒有什麼辦法可以用來稱述他們。他們究竟是些什麼樣的人呢？」孔子說：「他們都是些擺脫禮儀約束而逍遙於人世之外的人，我卻是生活在具體的世俗環境中的人。人世之外和人世之內彼此不相干涉，可是我卻讓你前去弔唁，我實在是淺薄呀！他們正跟造物者結為伴侶，而逍遙於天地渾一的元氣之中。他們把人的生命看作像贅瘤一樣多餘，他們把人的死亡看作是毒癰化膿後的潰破，像這樣的人，又怎麼會顧及死生優劣的存在！憑借於各各不同的物類，但最終寄託於同一的整體；忘掉了體內的肝膽，也忘掉了體外的耳目；無盡地反覆著終結和開始，但從不知道它們的頭緒；茫茫然彷徨於人世之外，逍遙自在地生活在無所作為的環境中。他們又怎麼會煩亂地去炮製世俗的禮儀，而故意炫耀於眾人的耳目之前呢！」

子貢說：「如此，那麼先生將遵循什麼準則呢？」孔子說：「我孔丘，乃是蒼天所懲罰的罪人。即使這樣，我仍將跟你們一道去竭力追求至高無上的『道』。」子貢問：「請問追求『道』的方法。」孔子回答：「魚爭相投水，人爭相求道。爭相投水的魚，掘地成池便給養充裕；爭相求道的人，漠然無所作為便心性平適。所以說，魚相忘於江湖裡，人相忘於道術中」。子貢說：「再冒昧地請教『畸人』的問題。」孔子回答：「所謂『畸人』，就是不同於世俗而又等同於自然的人。所以說，自然的小人就是人世間的君子；人世間的君子就是自然的小人。」

顏回問仲尼曰：「孟孫才[1]，其母死，哭泣無涕[2]，中心不戚[3]，居喪不哀。無是三者[4]，以善處喪蓋魯國[5]。固有無其實而得其名者乎❻？回壹怪之❼。」

仲尼曰：「夫孟孫氏盡之矣，進於知矣❽。唯簡之而不得，夫已有所簡矣❾。孟孫氏不知所以生，不知所以死；不知就先❿，不知就後；若化方物⓫，以待其所不知之化已乎！且方將化，惡知不化哉？方將不化，惡知已化哉？吾特與汝，其夢未始覺者邪！且彼有駭形而無損心⓬，有旦宅而無情死⓭。孟孫氏特覺，人哭亦哭，是自其所以乃⓮。且也相與吾之耳矣，庸詎知吾所謂吾之乎？且汝夢爲鳥而厲乎天⓯，夢爲魚而沒於淵。不識今之言者，其覺者乎，其夢者乎？造適不及笑⓰，獻笑不及排⓱，安排而去化⓲，乃入於寥天一⓳。」

【注釋】

❶孟孫才：人名，複姓孟孫。❷涕：淚水。❸中心：心中。戚：悲痛。❹三者：指上述「哭泣不涕」、「中心不戚」、「居喪不哀」的三種表現。❺蓋：覆。❻固：竟，難道。❼壹：實在，確實。❽進：勝，超過。❾夫：這裡代指孟孫才。❿就：趨近，追求。

先：這裡實指「生」，與下句「後」字實指「死」相應。⓫若：順。「若化」即順應自然變化。⓬駭形：指人死之後形體必有驚人的改變。心：精神，「損心」指情緒悲哀損傷心神。⓭旦：日新，朝夕改變的意思。宅：這裡喻指精神的寓所，即人的軀體。情死：眞實的死亡。⓮乃：通作「爾」，如此的意思。⓯厲：通作「戾」，至、往的意思，這裡實指鳥的飛翔。⓰造：達到。適：快意。⓱獻：發。一說「獻」通作「戲」，「獻笑」亦即戲笑。排：排解，消洩。⓲安排：安於自然的推移。去化：忘卻死亡的變化。⓳寥：寂寥，虛空。

【譯文】

顏回請教孔子說：「孟孫才這個人，他的母親死了，哭泣時沒有一滴眼淚，心中不覺悲傷，居喪時也不哀痛。這三個方面沒有任何悲哀的表現，可是卻因善於處理喪事而名揚魯國。難道眞會有無其實而有其名的情況嗎？顏回實在覺得奇怪。」

孔子說：「孟孫才處理喪事的作法確實是盡善盡美了，大大超過了懂得喪葬禮儀的人。人們總希望從簡治喪卻不能辦到，而孟孫才已經做到從簡辦理喪事了。孟孫才不過問人因爲什麼而生，也不去探尋人因爲什麼而死；不知道趨赴生，也不知道靠攏死；他順應自然的變化而成爲他應該變成的物類，以期待那些自己所不知曉的變化！況且即將出現變化，怎麼知道不變化呢？即將不再發生變化，又怎麼知道已經有了變化呢！只有我和你呀，才是做夢似的沒有一點兒覺醒的人呢！那些死去了的人驚擾了自身的形骸卻無損於他們的精神，猶如精神的寓所朝夕改變卻並不是精神的眞正死亡。唯獨孟孫才覺醒，人們哭他也跟著哭，這就是他如此居喪的原因。況且人們交往總借助形骸而稱述自我，又怎麼知道我所稱述的軀體一定就是我呢？而且你夢中變成鳥便振翅直飛藍天，你夢中變成魚便搖尾潛入深淵。不知道今天我們說話的人，算是醒悟的人呢，還是做夢的人呢？心境快適卻來不及笑出聲音，表露快意發出笑聲卻來不及排解和消洩，安於自然的推移而且忘卻死亡的變化，於是就進入到寂寥虛空的自然而渾然成爲一體。

意而子見許由❶。許由曰：「堯何以資汝❷？」意而子曰：「堯謂我：『汝必躬服仁義而明言是非❸』。」許由曰：「而奚來爲軹❹？夫堯既已黥汝以仁義❺，而劓汝以是非矣❻，汝將何以遊夫遙蕩恣睢轉徙之塗乎❼？」意而子曰：「雖然，吾願遊於其藩❽。」

許由曰：「不然。夫盲者無以與乎眉目顏色之好❾，瞽者無以與乎青黃黼黻之觀❿。」意而子曰：「夫無莊之失其美⓫，據梁之失其力⓬，黃帝之亡其知⓭，皆在爐捶之間耳⓮。庸詎知夫造物者之不息我黥而補我劓⓯，使我乘成以隨先生邪⓰？」

許由曰：「噫！未可知也。我爲汝言其大略。吾師乎⓱！吾師乎！韲萬物而不爲義⑱，澤及萬世而不爲仁⑲，長於上古而不爲老，覆載天地刻雕眾形而不爲巧，此所遊已。」

【注釋】

❶意而子：虛擬的人名。❷資：給予。❸躬服：親身實踐，身體力行。❹而：你、軹：同「只」，句末語氣詞用法。❺黥：古代的一種刑法，用刀在受刑人的額人刺刻，而後以墨塗之。❻劓：古代的一種刑法，割去受刑人的鼻子。❼遙蕩：逍遙放蕩。恣睢：放任不拘。轉徙：輾轉變化。塗：通作「途」，道路的意思。❽藩：籬笆，這裡喻指受到一定約束的境域。❾與：讚許、賞鑒。下句同此解。❿瞽：瞎眼。一般地說，「盲者」、「瞽者」都指瞎子，細分之，「盲」指有眼無珠，「瞽」指眼瞎而無視力。黼黻：古代禮服上繡製的花紋。⓫無莊：虛構的古代美人之名，寓含不裝飾的意思。傳說她聞道之後不再裝飾而自忘其美。⓬據梁：虛構的古代勇夫之名，寓含強梁之意。⓭亡：丟失，忘卻。⓮鑪捶：冶煉鍛打，這裡喻指得到「道」的薰陶而歸本眞。⓯息：養息。⓰乘：載。成：備。「乘成」的意思就是，托載精神的身軀不再殘缺。⓱師：這裡實指「道」。⓲韲：同「齏」，碎的意思。⓳澤：恩澤。

【譯文】

意而子拜訪許由。許由說：「堯把什麼東西給予了你？」意而子說：「堯對我說：『你一定得親身實踐仁義並明白無誤地闡明是非』」。許由說：「你怎麼還要來我這裡呢？堯已經用『仁義』在你的額上刻下了印記，又用『是非』割下了你的鼻子，你將憑借什麼遊處於逍遙放蕩、縱任不拘、輾轉變化的道途呢？」意而子說：「雖然這樣，我還是希望能遊處於如此的境域。」

許由說：「不對。有眼無珠的盲人沒法跟他觀賞姣好的眉目和容顏，瞎子沒法跟他賞鑒禮服上各種不同顏色的花紋。」意而子說：「無莊不再打扮忘掉自己的美麗，據梁不再逞強忘掉自己的勇力，黃帝聞『道』之後忘掉自己的智慧，他們都因爲經過了『道』的冶煉和鍛打。怎麼知道那造物者不會養息我受黥刑的傷痕和補全我受劓刑所殘缺的鼻子，使我得以保全托載精神的身軀而跟隨先生呢？」

許由說：「唉！這可是不可能知道的。我還是給你說個大概吧。『道』是我偉大的宗師啊！我偉大的宗師啊！把萬物碎成粉末不是爲了某種道義，把恩澤施於萬世不是出於仁義，長於上古不算老，回天載地、雕創眾物之形也不算技巧。這就進入『道』的境界了。」

顏回曰：「回益矣❶。」仲尼曰：「何謂也！」曰：「回忘仁義矣❷。」曰：「可矣，猶未也。」他日復見，曰：「回益矣。」曰：「何謂也？」曰：「回忘禮樂矣。」曰：「可矣，猶未也。」他日復見，曰：「回益矣。」曰：「何謂也？」曰：「回坐忘矣❸。」仲尼蹴然曰❹：「何謂坐忘？」顏回曰：「墮肢體❺，黜聰明❻，離形去知❼，同於大通，此謂坐忘。」仲尼曰：「同則無好也，化則無常也❽，而果其賢乎！丘也請從而後也。」

【注釋】

❶益：多，增加，進步。❷從整段文意推測，「仁義」當與後面的「禮樂」互換，忘掉「禮樂」進一步才可能是忘掉「仁義」，但譯文仍從舊述。❸坐忘：端坐靜心而物我兩忘。❹蹴然：驚奇不安的樣子。❺墮：毀廢。❻黜：退除。❼去：拋棄。❽無常：不執滯於常理。

【譯文】

顏回說：「我進步了。」孔子問道：「你的進步指的是什麼？」顏回說：「我已經忘卻仁義了。」孔子說：「好哇，不過還不夠。」過了幾天顏回再次拜見孔子，說：「我又進步了。」孔子問：「你的進步指的是什麼？」顏回說：「我忘卻禮樂了。」孔子說：「好哇，不過還不夠。」過了幾天顏回又再次拜見孔子，說：「我又進步了。」孔子問：「你的進步指的是什麼？」顏回說：「我『坐忘』了」。孔子驚奇不安地問：「什麼叫『坐忘』？」顏回答道：「毀廢了強健的肢體，退除了靈敏的聽覺和清晰的視力，脫離了身軀並拋棄了智慧，從而與大道渾同相通爲一體，這就叫靜坐心空物、我兩忘的『坐忘』。」孔子說：「與萬物同一就沒有偏好，順應變化就不執滯常理。你果眞成了賢人啊！我作爲老師也希望能跟隨學習而步你的後塵。」

子輿與子桑友，而霖雨十日❶。子輿曰：「子桑殆病矣❷！」裹飯而往食之❸。至子桑之門，則若歌若哭，鼓琴曰❹：「父邪？母邪？天乎？人乎❺？」有不任其聲而趨舉其詩焉❻。

子輿入，曰：「子之歌詩，何故若是？」曰：「吾思夫使我至此極者而弗得也。父母豈欲吾貧哉？天無私覆，地無私載，天地豈私貧我哉？求其爲之者而不得也。然而至此極者，命也夫！」

【注釋】

❶霖：陰雨三日以上。「霖雨」即連綿不斷地下雨。❷殆：恐怕，大概。病：困乏潦倒。❸裹飯：用東西包著飯食。食之：給他吃。「食」字舊讀去聲。❹鼓琴：彈琴。❺以上四句，均爲子桑探問自己的困乏是由誰造成的。❻任：堪。「不任其聲」是說聲音衰微，禁不住內心感情的表達。趨：急促。「趨舉其詩」是說急促地吐露出歌詞。

【譯文】

子輿和子桑是好朋友，連綿的陰雨下了十日，子輿說：「子桑恐怕已經困乏而餓倒。」便包著飯食前去給他吃。來到子桑門前，就聽見子桑好像在唱歌，又好像在哭泣，而且還彈著琴：「是父親呢？還是母親呢？是天呢？還是人呢？」聲音微弱好像禁不住感情的表達，急促地吐露著歌詞。

子輿走進屋子說：「你歌唱的詩詞，爲什麼是這樣？」子桑回答說：「我在探尋使我達到如此極度困乏和窘迫的人，然而沒有找到。父母難道會希望我貧困嗎？蒼天沒有偏私地覆蓋著整個大地，大地沒有偏私地托載著所有生靈，天地難道會單單讓我貧困嗎？尋找使我貧困的東西可是我沒能找到。然而已經達到如此極度的困乏，還是『命』啊！」

應帝王

卷七 導讀

〈應帝王〉是《莊子》內篇中的最後一篇，它表達了莊子的爲政思想。莊子對宇宙萬物的認識基於「道」，他認爲整個宇宙萬物是渾一的，因此也就無所謂分別和不同，世間的一切變化也都出於自然，人爲的因素都是外在的、附加的。基於此，莊子的政治主張就是不以治爲治，無爲而治便是本篇的中心。什麼樣的人「應」成「帝王」呢？那就是能夠聽任自然、順乎民情、行不言之敎的人。

全篇大體分爲七個部分。第一部分至「而未始入於非人」，借蒲衣子之口說出理想的爲政者，聽任人之所爲，從不墮入物我兩分的困境。第二部分至「而曾二蟲之無知」，指出制定各種行爲規範乃是一種欺騙，爲政者無須多事，倘要強人所難就像「涉海鑿河」、「使蚉負山」一樣。第三部分至「而天下治矣」，進一步倡導無爲而治，即「順物自容而無容私焉」的主張。第四部分至「而遊於無有者也」，提出所謂「明王」之治，即「使物自喜」、「化貸萬物」的無爲之治。第五部分至「一以是終」，敍述神巫給得道的壺子看相的故事，說明只有「虛」而「藏」才能不爲人所測，含蓄地指出爲政也得虛己而順應。第六部分至「故能勝物而不傷」，強調爲政清明，應像鏡子那樣，來者就照，去者不留，「勝物」而又「不傷」。餘下爲第七部分，敍述渾沌受人爲傷害失去本眞而死去的故事，寓指有爲之政禍害無窮。全篇以這七個故事，寓託了他無爲而治的政治主張。

齧缺問於王倪❶，四問而四不知。齧缺因躍而大喜，行以告蒲衣子❷。

蒲衣子曰：「而乃今知之乎？有虞氏不及泰氏❸。有虞氏，其猶藏仁以要人❹，亦得人矣，而未始出於非人❺。泰氏，其臥徐徐❻，其覺于于❼，一以己爲馬❽，一以己爲牛；其知情信❾，其德甚眞，而未始入於非人。」

【注釋】

❶齧缺、王倪：人名。❷蒲衣子：人名，傳說中的古代賢人。❸有虞氏：即虞舜。泰氏：舊注指太昊，即伏羲氏。❹要：交結，這裡含有籠絡的意思。❺非人：頗費解，舊注也多迂闊。這裡似指物我之分兩忘，「入於非人」大意是進入到外物與自我相分的境地。莊子認爲，從根本上講外物與自我統一爲一體而無所分別，伏羲氏能無爲而治，「知情信」「德甚眞」，因而從不曾進入物我兩分的困境，「以己爲馬」、「以己爲牛」也聽之任之。❻徐徐：寬緩安閑的樣子。❼于于：悠遊自得的樣子。❽一：或。一說講作「竟」，亦可通。

❾情：眞實。信：實在。

【譯文】

齧缺向王倪求教，四次提問王倪四次都不能作答。齧缺於是跳了起來高興極了，去到蒲衣子處把上述情況告訴給他。

蒲衣子說：「你如今知道了這種情況嗎？虞舜比不上伏羲氏。虞舜他心懷仁義以籠絡人心，獲得了百姓的擁戴，不過他還是不曾超脫出人爲的物我兩分的困境。伏羲氏他睡臥時寬緩安適，他覺醒時悠遊自得；他聽任有的人把自己看作馬，聽任有的人把自己看作牛；他的才思實在眞實無僞，他的德行確實純眞可信，而且從不曾涉入物我兩分的困境。」

肩吾❶見狂接輿。狂接輿曰：「日中始何以語女❷？」肩吾曰：「告我君人者以己出經式義度❸，人孰敢不聽而化諸❹？」

狂接輿曰：「是欺德也❺；其於治天下也，猶涉海鑿河而使蚉負山也❻。夫聖人之治也，治外乎❼？正而後行❽，確乎能其事者而已矣。且鳥高飛以避繒弋之害❾，鼷鼠深穴乎神丘之下以避熏鑿之患❿，而曾二蟲之無知⓫！」

【注　釋】

❶肩吾：人名。接輿：楚國隱士陸通的字。❷日中始：莊子假託的又一寓言人物，爲肩吾的老師。一說其人當爲「中始」，「日」是一時間詞，往昔的意思。❸以己出：用自己的意志來推行。義：儀，法。「經式」、「儀度」這裡都指法度。❹化諸：隨之變化呢。❺欺德：欺誑的做法。❻蚉：「蚊」的異體。❼治外：治理外表。莊子認爲推行法度，只能治理社會的外在表象。❽正：指順應本性。行：指推行教化。❾矰：繫有絲繩用來弋射的短箭。弋：用絲繩繫在箭上射飛鳥。❿鼷鼠：小鼠。神丘：社壇。熏鑿：指用煙熏洞，用鏟掘地。⓫曾：竟。

【譯　文】

肩吾拜會隱士接輿。接輿說：「往日你的老師日中始用什麼來教導你？」肩吾說：「他告訴我，做國君的一定要憑借自己的意志來推行法度，人們誰敢不聽從而隨之變化呢？」

接輿說：「這是欺誑的做法，那樣治理天下，就好像徒步下海開鑿河道，讓蚊蟲背負大山一樣。聖人治理天下，難道去治理社會外在的表象嗎？他們順應本性而後感化他人，聽任人們之所能罷了。鳥兒尚且懂得高飛躲避弓箭的傷害，老鼠尚且知道深藏於神壇之下的洞穴逃避熏煙鑿地的禍患，而你竟然連這兩種小動物本能地順應環境也不了解！」

天根遊於殷陽❶，至蓼水之上❷，適遭無名人而問焉❸，曰：

「請問爲天下❹。」無名人曰：「去❺！汝鄙人也，何問之不豫也❻！予方將與造物者爲人❼，厭，則又乘夫莽眇之鳥❽，以出六極之外，而遊無何有之鄉❾，以處壙埌之野❿。汝又何臬以治天下感予之心爲⓫？」又復問。無名人曰：「汝遊心於淡⓬，合氣於漠⓭，順物自然而無容私焉，而天下治矣。」

【注釋】

❶天根：虛構的人名。殷：山名。「殷陽」即殷山的南面。❷蓼水：水名。❸遭：逢，遇上。無名人：杜撰的人名。❹爲：這裡是治理的意思。❺去：離開、走開，這裡有呵斥、不屑多言之意。❻豫：悅，愉快。一說講作「厭」。❼人：偶。「爲人」即結爲伴侶。❽莽眇之鳥：狀如飛鳥的淸虛之氣。❾無何有之鄉：什麼都不存在的地方。❿壙埌：無邊無際的樣子。⓫臬：字書未錄此字，疑爲「臬」字之誤。「臬」當是「帛」的借字，說夢話的意思，無名人認爲天根的問話像是夢囈。⓬淡：這裡指聽任自然，保持本性而無所飾的心境。⓭漠：這裡指淸靜無爲，居處漠然。

【譯文】

天根閑遊殷山的南面，來到蓼水河邊，正巧遇上無名人而向他求教，說：「請問治理天下之事。」無名人說：「走開，你這個見識淺薄的人，怎麼一張口就讓人不愉快！

我正打算跟造物者結成伴侶，厭煩時便又乘坐那狀如飛鳥的清虛之氣，超脫於『六極』之外，而生活在什麼也不存在的地方，居處於曠達無垠的環境。你又怎麼能用夢囈般的所謂治理天下的話語來撼動我的心思呢？」天根又再次提問。無名人說：「你應處於保持本性、無所修飾的心境，交合形氣於清靜無爲的方域，順應事物的自然而沒有半點兒個人的偏私，天下也就得到治理。」

陽子居見老聃❶，曰：「有人於此，嚮疾強梁❷，物徹疏明❸，學道不勌❹。如是者，可比明王乎？」老聃曰：「是於聖人也，胥易技繫❺，勞形怵心者也❻。且也虎豹之文來田❼，猨狙之便執斄之狗來藉❽。如是者，可比明王乎？」陽子居蹴然曰❾：「敢問明王之治。」老聃曰：「明王之治，功蓋天下而似不自己❿，化貸萬物而民弗恃⓫；有莫舉名⓬，使物自喜；立乎不測，而遊於無有者也。」

【注釋】

❶陽子居：舊注指陽朱，戰國時代倡導爲我主義的哲學家。❷嚮：通作「響」，回聲。「嚮疾」就是像回聲那樣迅疾敏捷。強梁：強幹果決。這一句是說遇事果決，行動極快。

❸徹：洞徹。疏明：通達明敏。❹勑：「倦」字的異體。❺胥：通作「諝」，智慧的意思，這裡指具有一定才智的小官吏。易：改，這裡指供職辦事。繫：繫累。❻勞形：使身體勞苦。怵心：心裡感到恐懼、害怕。❼文：紋，這裡指具有紋飾的皮毛。來：使……來，這個意義後代又寫作「徠」。田：打獵，這個意義後代寫作「畋」。「來田」就是招徠打獵人的圍捕。❽猨狙：獼猴。便：便捷。斄：狐狸。「執斄」就是迅猛地捕捉狐狸。藉：用繩索拘繫。「來藉」就是招致繩索的拘繫。❾蹴然：驚惶不安而面容改變的樣子。❿自己：出自自己。⓫化：教化。貸：推卸，施及。恃：依賴。⓬舉：稱述。

【譯文】

陽子居拜見老聃，說：「倘若現在有這樣一個人，他辦事迅疾敏捷、強幹果決，對待事物洞察準確、了解透徹，學『道』專心勤奮從不厭怠。像這樣的人，可以跟聖哲之王相比而並列嗎？」老聃說：「這樣的人在聖人看來，只不過就像是聰明的小吏供職辦事時爲技能所拘繫、勞苦身軀擔驚受怕的情況。況且虎豹因爲毛色美麗而招來眾多獵人的圍捕，獼猴因爲跳躍敏捷、狗因爲捕物迅猛而招致繩索的拘縛。像這樣的動物，也可以拿來跟聖哲之王相比而並列嗎？」陽子居聽了這番話臉色頓改，不安地說：「冒昧地請教聖哲之王怎麼治理天下。」老聃說：「聖哲之王治理天下，功績普蓋天下卻又像什麼也不曾出自自己的努力，教化施及萬物而百姓卻不覺得有所依賴；功德無量沒有什麼辦法稱述讚美，使萬事萬物各居其所而欣然自得；立足於高深莫測的神妙之境，而生活在什麼也不存在的世界裡。」

鄭有神巫曰季咸❶，知人之死生存亡、禍福壽夭，期以歲月旬日❷，若神。鄭人見之，皆棄而走。列子見之而心醉❸，歸，以告壺子，曰：「始吾以夫子之道爲至矣，則又有至焉者矣。」壺子曰：「吾與汝既其文❹，未既其實❺，而固得道與？眾雌而無雄，而又奚卵焉❻！而以道與世亢❼，必信，夫故使人得而相汝。嘗試與來，以予示之。」

明日，列子與之見壺子。出而謂列子曰：「嘻！子之先生死矣！弗活矣！不以旬數矣❽！吾見怪焉，見濕灰焉❾。」列子入，泣涕沾襟以告壺子。壺子曰：「鄉吾示之以地文❿，萌乎不震不正⓫。是殆見吾杜德機也⓬。嘗又與來。」

明日，又與之見壺子。出而謂列子曰：「幸矣，子之先生遇我也！有瘳矣⓭，全然有生矣⓮！吾見其杜權矣⓯。」列子入，以告壺子。壺子曰：「鄉吾示之以天壤⓰，名實不入⓱，而機發於踵[18]。是殆見吾善者機也[19]。嘗又與來。」

明日，又與之見壺子。出而謂列子曰：「子之先生不齊[20]，吾無得而相焉。試齊，且復相之。」列子入，以告壺子。壺子曰：「鄉吾示之以太沖莫勝[21]。是殆見吾衡氣機也[22]。鯢桓之審爲淵[23]，止水之審爲淵，流水之審爲淵。淵有九名，此處三焉[24]。嘗又與來。」

明日，又與之見壺子。立未定，自失而走[25]。壺子曰：「追之！」列子追之不及，反，以報壺子曰：「已滅矣[26]，已失矣，吾弗及已。」壺子曰：「鄉吾示之以未始出吾宗[27]。吾與之虛而委蛇[28]，不知其誰何[29]，因以爲弟靡[30]，因以爲波流[31]，故逃也。」

然後列子自以爲未始學而歸[32]，三年不出。爲其妻爨[33]，食豕如食人[34]。於事無與親[35]，雕琢復樸[36]，塊然獨以其形立[37]。紛而封哉㊳，一以是終㊴。

【注釋】

❶巫：占卜識相的人，「神」指其預卜十分靈驗。❷期：預卜的時期。❸列子：即列禦寇，鄭國人。下句之壺子，傳說是列子的老師。心醉：這裡指內心折服。❹既：盡，全。文：紋飾，外在的東西。❺實：本質，與上句之「文」相對。❻卵：用如動詞，產卵的意思。❼道：這裡是指前面所述「既其文」的道，而非眞正的道。亢：通作「抗」，匹敵、對付的意思。❽旬：十日。「不以旬數」即不能用十天來計數，言外之意是說活不了十天了。❾濕灰：用於描寫神情，與上句之怪異描寫形色相對應。死灰猶可復燃，而水濕之灰已無復燃之可能，喻指必死無疑。❿鄉：通作「嚮」，過去、先前的意思。地文：大地上的紋理，即大地上山川湖海等表徵。大地是寂然不動的，這裡喻指寂然不動的心境。示：顯露，給……看。⓫萌：疑通作「茫」，「萌乎」即茫茫然。震：動。正：疑爲「止」字之誤。「不震」指體徵和神情寂然，「不止」指生命的運行並未停息。⓬杜：閉塞。德機：至德的生機。⓭瘳：病癒，這裡指病兆大大減輕。⓮生：生氣，這裡指有了成活希望。⓯權：機。「杜權」即閉塞的生機，含有閉塞的生機出現活動的意思。⓰天壤：天地，這裡指像天與地之間那樣的相對與感應。⓱名實：名聲和實利。不入：指不爲所動，不能進入到內心。⓲踵：腳後跟，這裡指人的根基。⓳者：用同「之」。「善者機」亦即一線生機。⓴齊：心迹穩定。一說通作「齋」，「不齊」即沒有齋戒。㉑太沖：太虛。「太沖莫勝」是說虛心凝寂、動靜無別，陰陽之氣均衡而又和諧。㉒衡：平。「衡氣機」是說內氣持平，應稱生機，渾然凝一。㉓鯢：鯨魚，這裡泛指大魚。桓：盤桓。審：水四流而聚積的地方。一說「審」即「瀋」字，通作「沈」，水深的意思。㉔此處三焉：意思是這裡說了淵的三種情況。所謂三「淵」，喻指前面提到的「杜德機」、「善者機」、「衡氣機」三種神態。「三」對於

「九」來說是小數，從而暗示「道」深不可測，神巫所能看到的還只是皮毛。㉕自失：不能自持。㉖滅：消逝了蹤影。㉗宗：源，根本。㉘虛：活脫，一點也不執著。委蛇：隨順應付。成語「虛以委蛇」出於此。㉙誰何：什麼，「知其誰何」是說能夠了解我的究竟。㉚以爲：以之爲，把自己變成。弟靡：頹廢順從。㉛波流：像水波一樣逐流。㉜未始學：從不曾學過道。神巫季咸逃跑後，列子方悟到老師壺子的道術深不可測，而神巫的巫術實是淺薄，因此覺得自己從不曾求師學道似的。㉝爨：燒火行炊。㉞食：飼養，給……吃的意思。㉟無與親：無親疏之別，沒有偏私。㊱「雕琢」指原來的華飾，「復樸」指現在業已恢復樸實的「道」。㊲塊然：像大地一樣木然。㊳紛：這裡指世間的紛擾。封：守，這裡指能夠持守本眞。㊴一：如一，貫一。

【譯文】

鄭國有個占卜識相十分靈驗的巫師，名叫季咸，他知道人的生死存亡和禍福壽夭，所預卜的年、月、旬、日都準確應驗，彷彿是神人。鄭國人見到他，都擔心預卜死亡和凶禍而急忙跑開。列子見到他卻內心折服如醉如痴，回來後把見到的情況告訴老師壺子，並且說：「起先我總以爲先生的道行最爲高深，如今又有更爲高深的巫術了。」壺子說：「我教給你的還全是道的外在的東西，還未能教給你道的實質，你難道就已經得道了嗎？只有衆多雌性可是卻無雄性，又怎麼能生出受精的卵呢！你用所學到的道的皮毛就跟世人相匹敵，而且一心求取別人的信任，因而讓人洞察底細而替你看相。你試著跟他一塊兒來，把我介紹給他看看相吧。」

第二天，列子跟神巫季咸一道拜見壺子。季咸走出門來就對列子說：「呀！你的先生快要死了！活不了了，用不了十來天了！我觀察到他臨死前的怪異形色，神情像遇水的灰燼一樣。」列子進到屋裡，淚水弄濕了衣襟，傷心地把季咸的話告訴壺子。

壺子說：「剛才我將如同地表那樣寂然不動的心境顯露給他看，茫茫然既沒有震動也沒有止息。這樣恐怕只能看到我閉塞的生機。試試再跟他來看看。」

第二天，列子又跟神巫季咸一道拜見壺子。季咸走出門來就對列子說：「幸運啊，你的先生遇上了我！症兆減輕了，完全有救了，我已經觀察到閉塞的生機中神氣微動的情況。」列子進到屋裡，把季咸的話告訴給壺子。壺子說：「剛才我將天與地那樣相對而又相應的心態顯露給他看，名聲和實利等一切雜念都排除在外，而生機從腳跟發至全身。這樣恐怕已看到了我的一線生機。試著再跟他一塊兒來看看。」

第二天，列子又跟神巫季咸一道拜見壺子。季咸走出門來就對列子說：「你的先生心迹不定，神情恍忽，我不可能給他看相。等到心迹穩定，再來給他看相。」列子進到屋裡，把季咸的話告訴給壺子。壺子說：「剛才我把陰陽二氣均衡而又和諧的心態顯露給他看。這樣恐怕看到了我內氣持平、相應相稱的生機。大魚盤桓逗留的地方叫做深淵，靜止的河水聚積的地方叫做深淵，流動的河水滯留的地方叫做深淵。淵有九種稱呼，這裡只提到了上面三種。試著再跟他一塊兒來看看。」

第二天，列子又跟神巫季咸一道拜見壺子。季咸還未站定，就不能自持地跑了。壺子說：「追上他！」列子沒能追上，回來告訴壺子，說：「已經沒有蹤影了，讓他跑掉了，我沒能趕上他。」壺子說：「起先我顯露給他看的始終未脫離我的本源。我跟他隨意應付，他弄不清我的究竟，於是我使自己變得那麼頹廢順從，變得像水波逐流一樣，所以他逃跑了。」

這之後，列子深深感到像從不曾拜師學道似的回到了自己的家裡，三年不出門。他幫助妻子燒火做飯，餵豬就像侍候人一樣。對於各種世事不分親疏沒有偏私，過去的雕琢和華飾已恢復到原本的質樸和純眞，像大地一樣木然忘情地將形骸留在世上。雖然涉入世間的紛擾卻能固守本眞，並像這樣終生不渝。

無爲名尸❶，無爲謀府❷；無爲事任❸，無爲知主。體盡無窮❹，而遊無朕❺；盡其所受乎天，而無見得❻，亦虛而已❼。至人之用心若鏡，不將不迎❽，應而不藏，故能勝物而不傷❾。

【注釋】

❶名：名譽。尸：主，引伸指寄託的場所。❷謀府：出謀劃策的地方。❸任：負擔。❹體：體驗、體會，這裡指潛心學道。❺朕：迹。「無朕」即不留下踪迹。❻見：表露，這個意義後代寫作「現」。❼虛：指心境清虛淡泊，忘卻自我。❽將：送。「不將不迎」指照物之影聽之任之，來的即照，去的不留。❾勝物：指足以反映事物。

【譯文】

不要成爲名譽的寄託，不要成爲謀略的場所；不要成爲世事的負擔，不要成爲智慧的主宰。潛心地體驗眞源而且永不休止，自由自在地遊樂而不留下踪迹；任其所能稟承自然，從不表露也從不自得，也就是心境清虛淡泊而無所求罷了。修養高尚的「至人」心思就像一面鏡子，對於外物是來者即照去者不留，應合事物本身從不有所隱藏，所以能夠反映外物而又不因此損心勞神。

南海之帝爲儵，北海之帝爲忽，中央之帝爲渾沌❶。儵與忽時相與遇於渾沌之地，渾沌待之甚善。儵與忽謀報渾沌之德，曰：「人皆有七竅以視聽食息❷，此獨無有，嘗試鑿之。」日鑿一竅，七日而渾沌死。

【注釋】

❶儵、忽、渾沌：都是虛擬的名字，但用字也有寓意，「儵」和「忽」指急匆匆的樣子，「渾沌」指聚合不分的樣子，一指人爲的，一指自然的，因此「儵」、「忽」寓指有爲，而「渾沌」寓指無爲。❷七竅：人頭部的七個孔穴，即兩眼、兩耳、兩鼻孔和嘴。

【譯文】

南海的大帝名叫儵，北海的大帝名叫忽，中央的大帝叫渾沌。儵與忽常常相會於渾沌之處，渾沌款待他們十分豐盛，儵和忽在一起商量報答渾沌的深厚情誼，說：「人人都有眼耳口鼻七個竅孔用來視、聽、吃和呼吸，唯獨渾沌沒有，我們試著爲他鑿開七竅。」他們每天鑿出一個孔竅，鑿了七天渾沌也就死去了。

家圖書館出版品預行編目資料

莊子・內篇 / 莊周著; 張耿光譯注. -- 初版.
--臺北市：台灣書房, 2009.11
面；　公分. -- (中國古籍；8R24)
ISBN 978-986-6318-03-0 (平裝)

1.莊子　2.注釋

121.331　　98019902

中國古籍　　8R24

莊　子・內篇

原　著　莊　周
譯　注　張耿光

發行人　楊榮川
出版者　台灣書房出版有限公司
地　址　台北市和平東路2段339號4樓
電　話　02－27055066
傳　真　02－27066100
郵政劃撥　18813891
網　址　https://www.wunan.com.tw
電子郵件　tcp@wunan.com.tw
總經銷　朝日文化事業有限公司
地　址　新北市中和區橋安街15巷1號7樓
電　話　02－22497714
傳　真　02－22498715

顧　問　林勝安律師事務所　林勝安律師

出版日期　2009年11月 初版一刷
　　　　　2012年 8 月 初版二刷(300)
定　價　新台幣160元整

《莊子》是我國古代典籍中的瑰寶，無論在思想史或文學史上，均有極重要的地位。

《老子》與《莊子》並列為道家思想的導師，無為和順應自然的人生態度是其相同處，所不同者，《老子》由理以入道，《莊子》從心以適道。

《莊子》文字精煉，善以寓言妙喻哲理，如「庖丁解牛」、「朝三暮四」、「得魚忘荃」等，皆是充滿智慧的佳構。《莊子》汪洋宏肆，意境深遠，使人讀後思維頓時活躍了起來。

五南文化事業

ISBN 978-986-6318-03-0 [121]

00160

9789866318030

台灣書房出版有限公司